U0096654

全球化下的
俄中傳媒在地化變局
——大公報之傳媒睇傳媒

localization Factor in Russian and China Media Reform

元智通識叢書：全球化系列

胡逢瑛・吳　非　著

本書為【教育部獎勵大學教學卓越計畫贊助】

推薦序

　　全球化時代的來臨，改變了國際競合的關係與面貌。胡逢瑛與吳非兩位專家學者為我們提供了一個實在的案例。兩位作者一方面以俄羅斯與中國大陸的新聞傳播媒體為研究對象；另一方面，媒體也是他們洞悉國際社會變遷的窗口，媒體是民眾監督政府的守門者，每天的新聞資訊為研究者分析國際關係提供了參考的依據。如同兩位作者擔任香港《大公報》大公評論兩岸國際版「傳媒睇傳媒」的專欄作者，他們專注於研究媒體，也從媒體的角度出發探討分析國際時勢與兩岸關係的各階段變化。

　　誠如作者所言，在國際石油價格攀升的大環境之下，俄羅斯在 2000 年之後依靠能源，經濟發展快速，被世界經濟學家譽為「金磚四國」之一，那麼在俄羅斯經濟發展的今天，如何為俄羅斯經濟歸類，是擺在經濟學家面前的難題。對於俄羅斯經濟發展到底是反全球化的結果，還是俄羅斯融入全球化後才取得的經濟成果？俄羅斯選擇性的進行政治、經濟全球化，是普京時代和未來八年俄羅斯發展的主要特色，俄羅斯已經啟動了全球在地化的進程。在普京執政期間，如何落實全球化的普遍原則？這項議程在俄羅斯成為政府的主要挑戰。俄政府所執行的能源企業國有化進程，主要是因為能源是俄政府主要收入的來源，通過擴大政府收入，使得政府擁有更大的資源分配給很多在這次發展階段沒有受惠的民眾，扶植處於弱勢的產業，這樣才可以長治久安。一般來講，俄羅斯的整體政策基本執行的空間為十年左右，如何在下一

個八年將俄民主化進程徹底執行成為普京主要任務。作者認為，現在普京在 2008 年後的走向確實成為世界媒體的焦點，普京到底是要保持原來的職位還是保持和原來相當的權力，對此，普京非常的謹慎，而且俄羅斯相關的官員當被問到這樣的問題時，都三緘其口，不做任何的回答。其實這樣的問題對於俄羅斯整體的命運來講，都是非常敏感和具有戰略性的。

　　兩位作者敘述了俄羅斯媒體與媒體在非傳統戰略安全中的重要性。中俄關係在傳統安全領域，在政治、軍事等「高級政治」方面發展迅速，但無論政界、學界、還是輿論界在談到中俄關係時都將其總結為：「政熱經冷」、「高層熱、民間冷」。當兩國間的經貿額是五十億美元時，被稱為「政熱經冷」，但當兩國經貿量達到兩百億美元以上時，還被稱為「政熱經冷」。這其中的主要問題就在於中國和俄羅斯媒體在報導中俄問題時所採取的角度和方式存在問題，中國媒體比較偏重於政治事件的報導，而俄羅斯媒體則比較偏重於對中國的負面報導，這樣使得俄羅斯民眾對於中俄關係始終處於悲觀狀態，中國民眾則感覺政治活動多於經濟活動，政治活動的成效遠高於經濟活動。儘管現在有所改觀，但問題仍然存在。相對來講，改變俄羅斯傳媒對中國的態度比改變美國傳媒較為容易，因為俄羅斯媒體形態的變革大約只有十幾年的時間，因而歷史短、結構變革清楚。俄羅斯媒體本身現在還處於商業化和國有化的轉變當中，這樣使得相關中俄問題報導當中，俄羅斯方面是相當的被動，近五年和未來幾年當中，中國方面基本處於主動狀態，可以採取主動措施改變自身和俄羅斯媒體報導的方式。

　　胡逢瑛是我今年引進的專任助理教授，去年在元智通識教學部創辦《元智全球在地文化報》，胡逢瑛即擔任本部刊物的執行編輯與論文作者。吳非是廣州暨南大學與廈門大學新聞院系的副教授，長期關注俄羅斯媒體與兩岸問題的專家學者，他也是香港頗

受歡迎的報紙與電視評論員。胡逢瑛與吳非出版的這本《全球化下的俄中傳媒在地化變局—大公報之傳媒睇傳媒》，旨在闡述俄羅斯、獨聯體與中國大陸傳媒在全球化浪潮下的在地化發展特點。本書視角多元豐富，提供了國人研究全球在地文化的一個非常值得參考的案例。

王立文

元智大學通識教學部主任，教授

2008 年 11 月 25 日

作者序(一)

　　自從去年跟隨王立文教授創辦《元智全球在地文化報》以來，我從王老師那裡吸收且學習到了很多他對全球化與在地化研究的想法。在最近一段時間裏，我也多次向孫長祥教授請益，在受教的過程當中，我體認到研究全球化者必須具有的戰略高度和研究深度。學者不論從事的是宏觀的戰略判斷，或是微觀的分析觀察，相信都具備了一定的學術涵養與實戰經歷。的確，任何有高度和深度的研究都是令人難以掌握和畏懼的，但這卻也是研究者無法迴避的挑戰。

　　由於過去我對俄羅斯傳媒變革研究多年，也發表了些許文章和出版了幾本書，再加上曾經在大陸教學研究有五年的時間，今年王立文部長遂決定將我引進到元智通識教學部的全球在地文化中心籌備處工作，王老師希望我能夠闡述俄羅斯與中國大陸傳媒在全球化浪潮下的在地化發展特點，以作為國人參考的一個特殊案例。如同王部長給予我的建議，把俄羅斯與中國大陸作為全球在地化的研究案例相信是有實際意義的。過去四年我在香港「大公報」寫專欄，總是憶起該報倡導的無黨、無派、無私的精神，我想這無分內外，也適用於中俄傳媒的研究，這也是我們決定集結文章成冊的動力。很多人經常有這樣的疑慮，蘇聯解體到底是不是資本主義的勝利與共產制度的失敗？那麼，又如何解釋俄羅斯的再度崛起以及中國的經濟成長呢？國人希望兩岸和平交往，卻又對大陸非常沒有信心，也無法理解大陸的經濟起飛和社會貧

困衝突要怎麼去解決？更無法想像大陸和台灣要怎麼進行區域的整合而非併吞國土主權！我想在尚未擺脫冷戰下形成的意識形態框架和二元對立的思維以前，真相與答案仍離我們有一段距離，我們恐怕需要不斷從失敗中汲取教訓才行。

俄羅斯，多麼神秘遙遠的國度！每當我說出曾經在俄國求學的經歷時，人們總是會這樣回答：「喔！很特別！」。實際上，每一個民族、國家都有其自身獨特的地方，不僅僅是俄羅斯而已。全球化時代的到來，為我們開啟了通往世界任何地方的大門，或許我們可以繼續閉門造車，但我們如何能夠認識世界、瞭解世界、甚至服務於世界？俄羅斯從彼得大帝進行西化政策開始，俄羅斯遂步入文明國家與軍事強國的行列；列寧建立無產階級專政的蘇維埃工農政府，將俄羅斯帶入工業化的強國行列；再到普京樹立的威權體制，讓俄羅斯以扮演能源強國的高姿態角色，以此重振俄羅斯在全球化波潮中的影響力，這幾個階段都是明顯可以看作是俄羅斯擷取西方思想融入本國國情的實證。歸納三位將俄國推向世界強國之林的領袖共同特點之一，就是彼得大帝、列寧、普京，都有長達七年到二十年不等的時間，在歐洲學習、生活和工作。全球化可以被視作俄羅斯本土化的憑藉手段，是導致轉型過程中出現不適應的體現；「全球在地化」呈現出一種經歷衝突過後融合的具體結果與穩定狀態；本土化則是一種狂妄和自大的迷思，但本土化同時也呈現出一種民族意識崛起的狀態，以此轉化成為強化內在實力的保護力量，關鍵在於如何運作，以及是否具有以人為本的人文關懷精神，反之將異化轉變成為獨裁與專政。

在台灣過去反共抗俄的冷戰歲月裏，人們選擇留學或移民的國家應該是像美國或是歐洲這些先進的發達國家。在那些歐美國家留學應該是比較幸福的，因為這些國家的人民享有穩定的社會

制度所帶來的生活保障，以及享受在豐厚薪資所得下很高的生活水準。儘管如此，不論在富裕先進的國家也好，或是在貧窮落後的國家也好，我總覺得自己的人生過程中有一些不同的生活經驗和歷練還是挺有意思的！畢竟活著就有希望！在九十年代時，對於生活在台灣的人們來說，台灣的環境還是相對穩定和舒適的，人們在很長的時間裡沒有經歷過戰爭的動盪，也沒有遭受到嚴重經濟危機所帶來的生活打擊，過去半個世紀以來，國家逐漸從戰後的廢墟當中建立家園，社會循序漸進的發展以及各種社會制度的建立也都讓台灣人民生活在比較安定的環境中。

從留學俄羅斯到赴大陸任教的十餘年當中，想想我自己居然都是在共產國家中度過的，雖然我所經歷的俄羅斯與中國大陸不再像冷戰時期那樣的封閉和極權，但是對於西方世界和台灣的人們來說，這兩個國家還是令人恐懼和排斥的。我自己也是從排斥的情緒中成長與學習。不得不承認，我有位志同道合的先生一路攜手並進，我們倆經常會相互切磋討論問題。當然在俄羅斯讀書時，我還有一位非常權威但是非常有智慧的俄羅斯指導教授阿爾丘莫夫，他對我是非常嚴厲與關愛並存，我至今都一直非常思念與感謝他對我的栽培！雖然我很慚愧沒有什麼豐功偉業可以向導師誇耀的，但是我在俄羅斯研究方面的執著，卻是我指導教授當初最希望我做的一件事情，這一點我算是沒有愧對他對我的期許！現在的我已經離開俄國多年，幸拜網際網路之賜，我還可以藉由瀏覽俄國的網站來維持一點對俄國的僅存聯繫。網際網路的發達讓人們可以擁有跨越文化邊界的傳播力，關鍵在於運用的程度。

感謝元智大學給我一個機會進入全球在地化的研究領域，感謝通識教學部部長王立文教授、孫長祥教授、謝登旺教授、尤克強教授以及人社院長劉阿榮教授等前輩師長的支持，還有香港城

市大學李金銓教授、復旦大學李良榮教授與童兵教授、交大教授、玄奘資傳院長郭良文教授以及政大馮建三教授、台大林麗雲教授幾位先進的推薦和鼓勵！要感謝的人很多，筆者在此無法一一列舉，但是要感謝的對象將永遠令我銘感在心。人生之路就像是一個循環、輪迴，這次出書後就是下一個階段的開始，研究之路又將是重新歸零後再出發！

胡逢瑛

2008.10.1

作者序(二)

在這幾年的任教過程當中，筆者一直堅持在香港《大公報》開設專欄。香港《大公報》現今還是中國報業史上唯一具有百年歷史的報紙，該報的風格和大陸的媒體比較起來，算是自由派。當年在中國文革剛結束時，老作家巴金就在《大公報》開設專欄，對文革進行反省。《大公報》還是大陸允許公開發行的少數香港媒體。《大公報》的評論版在大陸媒體同行中具有影響力，刊登的評論文章也經常受到華文媒體的轉載，可以說《大公報》近年來相當用心在經營自己評論版的這塊言論領域。

四年前《大公報》評論版主編王椰林先生邀約筆者在兩岸國際版開設「傳媒睇傳媒」專欄，王主編與《大公報》以最大的寬容態度接受我們的各種撰文文章至今，促使了筆者保持不輟筆耕的習慣。這次出書的內容來源主要來自於兩位作者在《大公報》發表的文章，主題內容共分為俄羅斯及獨聯體篇、中國大陸篇、台灣篇、美國篇和其他，總共五個部分，預計分為兩冊出版，這些專欄文章涉及了兩岸、俄羅斯、美國等國家在全球化的今天所面臨的共同問題，本書還有一個特點在於，筆者大量採用了相關照片，以增添讀者對於主題內容的閱讀興趣與認識了解，所以感謝新華社、中新社、俄羅斯駐中國大使館、俄羅斯新聞社等單位，允許本書採用這些照片。

兩位作者要特別感謝復旦大學張駿德教授、李良榮教授、復旦大學博士後站長童兵教授、華東師範大學馮紹雷教授、沈志華教授、香港城市大學首席教授李金銓教授、香港浸會大學黃昱教

授、香港中文大學丘林川助理教授、香港中文大學馮應謙副教授、
台灣國立政治大學李瞻教授、馮建三教授、王定士教授、郭武平
教授、元智大學王立文教授、交通大學與玄奘大學雙聘教授郭良
文教授、台灣大學新聞研究所張錦華教授、淡江大學張五岳教授、
港澳之友會副秘書長張仕賢、歐亞基金會執行長林中斌先生、歐
亞基金會研究部主任陳逸品先生、俄羅斯駐中國大使館新聞處新
聞官依薩耶夫先生、美國自由亞洲電台駐台灣首席記者梁冬先生
等師長和朋友在思想上的交流和支持。

　　同時筆者要感謝我們的恩師莫斯科國立大學新聞系教授、高
級研究員拉莉莎・尼卡拉耶夫娜・費多多娃以及俄羅斯外交部莫
斯科國立國際關係學院國際新聞系教授、歷史學院士弗拉吉米
爾・李沃維奇・阿爾丘莫夫，對我們九十年代在俄羅斯留學攻讀
博士學位期間的專業指導和生活關懷。同時還感謝新華網、中新
網、俄羅斯俄新網、俄羅斯祝中國大陸大使館網站、新浪網、搜
狐網、中國大陸社科院俄羅斯東歐中亞研究所網站等提供的圖
片。2004 年，筆者在《大公報》初次投稿之後，便得到香港《大
公報》主筆王椰林先生的賞識與邀約，開始撰寫「傳媒睇傳媒」
專欄，並且在王椰林先生的理解之下，開始撰寫兩岸暨國際關係
以及傳媒相關範疇的主題文章，最終才使得筆者能夠在這幾年中
集結百餘篇文章，同大家分享。

　　在這裡筆者想說的是，如果沒有上述這些師長和朋友們的支
持，筆者將無法堅持這些外人看來枯燥，但趣味無窮的研究，正
是在不分兩岸，不分中外，使得我們能夠坐到一起。這些天馬行
空的思想最後還得到秀威出版社負責人宋政坤先生的鼎力支持。

吳非
胡逢瑛

目次

俄羅斯及獨聯體篇

俄傳媒如何看庫爾斯克號事件？[1]
──訪記者保護基金會主席西門諾夫

俄羅斯新型
核潛艇庫爾斯克
號在巴倫支海峽
發生意外，沉沒
海底，圍繞著救
援行動，西方與
俄羅斯則暗暗地
較上勁；而在俄
羅斯內部，媒體
也八仙過海各顯

俄羅斯著名媒體人西門諾夫先生（Aleksey Simonov）

神通。為讓讀者對庫爾斯克號事件有更進一步的瞭解，筆者特走
訪了俄羅斯記者保護基金會（Glasnost Defense Foundation）主席
阿列克謝・西門諾夫，聽他談俄國媒體對此次事件的看法。該基
金是全俄維護新聞工作者權益的組織。以下為訪問對談：

---

[1] 本文發表於新加坡《聯合早報》2000 年 8 月 26 日

問：西門諾夫先生，《消息報》評論說：謊言與恐懼現今已是俄羅斯政壇的標誌，當牽涉到人民的生命時，海軍官、將軍及政府高層不應只是說謊、推諉、考慮個人政治生命，庫爾斯克號事件已成為一大醜聞，請問您是否同意《消息報》的以上說法？

答：我還未讀到《消息報》上的這則新聞，但我本人對此有自己的觀點。現在庫爾斯克號事件正在深深地影響著俄羅斯人民及政權，最後還將深深地影響到俄羅斯媒體的發展。現在看來，庫爾斯克號事件的救援行動和救援方法是低水平的，對於這些政府並不承認，且政府還未真正學會怎樣與人民進行對話，樹立自身的形象。

　　至於俄羅斯軍隊、軍官與官員對於軍隊的新聞總是有一個習慣，就是先遮掩，軍隊高層總是希望事態能自然地慢慢過去，以此保住烏紗帽。事實上，許多事故一向來經常也就這樣悄無聲息地過去了，而這次卻不同以往，人民能夠通過媒體來對比判斷政府官員的說辭，這次官員欲蓋彌彰的做法，恰恰加深了人民對政府的無奈與不滿。

　　當然，現在俄羅斯媒體已經走上多元化的道路，這裏有不同風格的電視臺、電臺及報紙，而從庫爾斯克號事件發生以後，媒體驚呼：媒體試圖改變政府的努力仍毫無所成，現在的政府與 60 年代的政府相去不遠，其共同點是：事件發生以後，政府官員幾乎沒有人為人民著想，昨天莫斯科回聲電臺安德列·切爾蓋多夫對於政府的救援行動進行了深入分析，但他還未找到補救措施。

問：現在俄羅斯新聞媒體只能從俄羅斯國家電視臺獲得有限的現場救援畫面，請問這是否會影響俄羅斯新聞自由？是否有違反俄羅斯新聞法？

答：當然這次事故發生在海裏，絕大部分的記者不能到事故現場，而且軍隊本身也有一定數量的記者。現在只有國家電視臺（RTR）是救援消息的唯一來源，別的電視臺如獨立電視臺、中心電視臺只能被迫使用國外電視臺的新聞，與國家電視臺的新聞作對比，國外電視臺所發表的新聞無論對或不對都是對政府新聞的補充。

　　但政府這樣做是不對的，因為俄羅斯憲法規定人民有知道事情真相的權利，現在政府所做的正在使新聞枯燥化，這只能使人民對政府的新聞來源與新聞動機產生信任危機，當然新聞的來源是越多越好。

問：這次媒體對庫爾斯克號的報導與上兩次車臣戰爭的報導有何不同？

答：這次媒體對庫爾斯克號的報導完全不同於上兩次車臣戰爭的報導，這次政府在新聞中心與新聞社裏就已把新聞的發佈全部控制住了。在第二次車臣戰爭中，車臣匪徒有綁架及槍殺記者的行為，基本上算是與記者對立，因此只有《自由電臺》的記者巴比斯基通過私人關係在匪徒內部進行報導，當然這次媒體所掌握的事實遠遠少於車臣戰爭。

問：普京曾表示在災難發生時，他第一個念頭就是飛到事故現場，但他擔心他會阻礙救援工作，因為他不是這方面的專家，請問普京的這一解釋是否合理？

答：這是一個非常正常的解釋，但普京是國家的領導人，是領導國家的專家，普京當然可以在庫爾斯克號事件發生後不去現場，但普京需要在事件一開始發生時表態，表示其本人對人民的關心，表示他還是國家的領導人，無論他此刻在莫斯科還是在黑海。而事件發生後，他本人卻未這樣做，其次普京也未全權授權救援隊，這樣使得救援隊在許多方面想做而不敢作。

正在通話中的俄羅斯總統普京（照片來自俄羅斯聯邦駐中國大陸使館網站）

從人質案看俄新聞自由[2]

9月6日，《消息報》總編輯沙基羅夫被解除職務，理由是沒有正確報導別斯蘭人質事件。根據這位元前《消息報》總編輯沙基羅夫本人的說法，遭革職是因為與波羅夫──媒體集團領導層意見分歧。他認為自己是一位易動情的人，報紙開放的編輯方針使領導高層立場陷入尷尬；最終導致分道揚鑣。現在波坦寧已經掌握了《消息報》的主要控股權。波坦寧是第一位以媒體人身份擔任前總統葉利欽政府管理經濟政策的第一副總理職務的人。看來普京政府又一次拿媒體人開刀，殺雞儆猴的意味濃厚。國營能源企業入主媒體是普京執政後的一大趨勢，可以填補媒體寡頭所遺留下來的資金空缺。這次別斯蘭人質事件的報導紛爭，又造成許多媒體人遭殃。

與總統熟識也難挽救職務

事實上，特派記者也遭殃。俄羅斯其他媒體的特派記者在前往北奧塞梯途中，許多媒體人都受到聯邦安全局人員的刁難與阻撓，例如俄自由電台的美籍俄羅斯記者巴比茲基就被扣留兩天問訊。無獨有偶，新《消息報》特派記者戈爾波娃與謝美諾娃也遭到別斯蘭員警滯留一小時後才放人。關於恐怖事件中電視報導是

2　本文發表於《大公報》2004 年 10 月 22 日

否會導致民眾產生心理影響而應該禁止報導，俄羅斯議會下院杜馬資訊政策委員會意見不一。9月23日，該委員會討論了祖國黨議員克魯托夫提出關於一項禁止電子媒體報導恐怖挾持人質事件報導的提案，一直到恐怖事件被完全鎮壓為止。克魯托夫的理由是恐怖報導會影響人們的心理，使人們感到痛苦與壓力，還有就是杜絕不真實的資訊。不過，提案沒有獲得資訊政策委員會的通過，該會決定要請心理醫生專家代表參與討論這個問題再做出決定。看來，媒體與政權關於新聞自由與專業道德之爭還會持續下去。

希亞母親的憤怒：在俄羅斯出版的俄文《新聞週刊》八日（當地時間）出版的封面照片，一位希亞母親的憤怒的眼神。別斯蘭人質危機，很多中文媒體的稱法還有「別斯蘭人質事件」，該事件是指2004年9月1日，車臣分離主義武裝分子在俄羅斯聯邦南部北奧塞梯共和國別斯蘭市第一中學製造的一起劫持學生、教師和家長作為人質的恐怖活動，到2004年9月3日事件基本結束。

根據俄羅斯新《消息報》的報導，俄記者協會代表亞辛‧紮索爾斯基、韋內季可托夫、特列季亞科夫、古列維奇、列文科聚在一起開圓桌會議。此次媒體會議目的為討論媒體在當代俄羅斯

的角色。這當然與在別斯蘭事件中俄媒體態度與立場有關，與會者還有美國前副國務卿泰波特以及布魯金斯研究院的研究員，美國專家在會上並沒有發言。總體而言，會議的宗旨都是在強調記者堅持真相的專業素養：第一，言論自由與新聞的快速性並不能優先於新聞的正確性，堅持事實查證與報導真實性是俄羅斯媒體近期發展的首要原則；第二，不要因為謊言而刺激恐怖分子。

《獨立報》的總編輯特列季亞科夫率先發言，他表達了言論自由應區別於新聞自由的觀點，尤其是在緊急事故中更要堅持此一原則。莫斯科回聲電台的總編輯韋內季可托夫直接表示，在別斯蘭人質事件一發生時，電台立刻公佈三項禁令：不要直接轉播恐怖分子的聲音、不要描述軍事行動者的移動位置、不要污辱恐怖分子。韋內季可托夫認為在恐怖事件發生後，記者不要發佈道聽途說與不經查證的新聞，因為這可能會激怒恐怖分子。

俄記協強調新聞的正確性

《新聞時報》總編輯古列維奇表示，非常愉快地看見外國電視台已經轉變了報導別斯蘭事件的方式。對此，俄羅斯電視卻遲遲沒有轉播。第一電視台消息新聞欄目的資訊部門副總經理列文科對此響應，俄羅斯媒體應當承擔起保護國家電視台的名譽的義務，俄羅斯現在正在處於非常時期，如果電視台要確定一些消息來源，媒體此時還要向反恐怖總部確定一些有爭議性的消息，如：人質的人數、恐怖分子的實質要求。俄羅斯媒體此時的要求是否恰當，是否會影響解決人質的進程，媒體與政府還沒有經驗，不過處理危機的官員應該要主動向記者公佈確切的消息，這樣記者就不會在危機事件中去自己憑空揣測。

　　普京有自己一套看法，他認為，在全球恐怖主義威脅的情況下，媒體不應該只是旁觀者，我們不能漠視恐怖分子利用媒體與民主加強心理與資訊壓力的詭計。明顯地，恐怖主義不能成為損害新聞自由與新聞獨立的藉口。資訊社會中媒體同樣也可以自己形成一種有效的工作模式，讓媒體在打擊恐怖主義這場戰役中有效發揮工具的功能，杜絕恐怖分子利用媒體施壓，媒體的報導不能傷害受難者的情感。新聞自由是民主基石之一，保障民主發展的獨立性。無疑地，媒體對各級政權的批評是有利的，雖然有時這些批評非常不客觀，並時常帶有感情色彩，不被政權機關領導所喜愛。

政黨精英是媒體主宰？

　　俄羅斯媒體從業人員的素質高是顯而易見的，但媒體對於如何宣傳國家、政府、議會的政策是沒有太多經驗的。在前蘇聯時代，蘇聯媒體主要通過意識形態來統一思想，而蘇聯意識形態的核心就是媒體是政黨的核心，但其實質的功能卻是，政黨進入媒體，並參與媒體的運營，也就是說政黨精英是媒體的實質主宰者。冷戰結束，蘇聯隨之解體之後，政黨精英退出媒體，俄羅斯媒體是否可以靠剩下的專業媒體人來支撐呢？在俄羅斯媒體近十年的發展當中，我們更多的是看到專業媒體人向金融寡頭投靠，專業媒體人並沒有堅持自己的專業精神。在俄羅斯經濟還沒有轉到正常軌道上來之前，私營企業進入媒體肯定會使媒體發展遇到瓶頸。蘇俄媒體經過意識形態政治化、完全自由化、專業化、國家化等幾個階段之後，俄羅斯媒體現在在普京倡導之下，俄羅斯媒

體終究要回到憲政體制之下的媒體，這樣的媒體特點就在於媒體完全按照法律執行。在沒有法律的情況下，政府會主導與媒體協商具體的辦法。媒體精英與政黨的結合，現在已經轉變為媒體經營與政府的結合，此時，俄羅斯媒體的政治化色彩依然沒有轉變，這表示俄羅斯已經進入蟄伏期，它在等待恢復強權國家的時機。

克里姆林宮和莫斯科河（照片來自俄羅斯聯邦駐中國大陸使館網站）

中俄石油與媒體責任[3]

　　俄羅斯總統普京在訪華之後，對於中俄兩國之間的石油管道鋪設問題並沒有做出實質性的承諾，這使得原來寄予重大希望的中國媒體著實失望了一把。中國媒體在普京訪華前夕，鋪天蓋地報導兩國石油管道架設的可能性，一種抱以強烈希望的期待感染了中國民眾，當然最後落差也很大，在能源上中國依然沒有得到任何的實質性合約，甚至連口頭承諾都沒有得到，事後中國政府對於能源問題一直保持低調。嚴格來講，中俄雙方的石油問題只是中國在成為世界區域強國路途上的整體問題中的冰山一角，中俄石油問題的關鍵在於雙方的官僚體制直到現在為止還沒有建立完全的互信機制。普京總統的助理普裏霍季科在一次訪談中就提到，中國與俄羅斯應當建立法律保障機制以利正常的資金流動，但與此同時，中國與俄羅斯的官僚體制要進一步加強瞭解。俄羅斯方面常常面臨自己的大國沙文主義而引起的輿論對政策制定的壓力，這對於有著漫長邊界線的兩個國家而言是不正常的，中俄兩國的實質問題就是兩國的官僚體制缺乏互信機制的鏈接。

---

[3]　本文發表於《大公報》2004 年 11 月 23 日

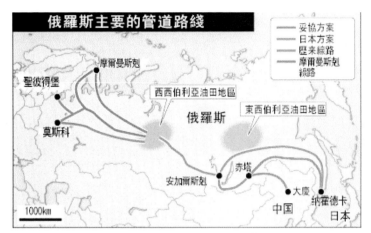

俄羅斯時間 2003 年 3 月 13 日，從俄方傳來的一紙「折衷方案」，使關於中日俄之間石油輸油管道的所有猜測塵埃落定（此圖源自新華社網站）

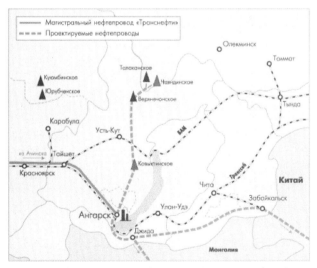

中俄石油和天然氣管道走向示意圖（此圖源自中國大陸社會科學院俄羅斯東歐中亞研究所網站）

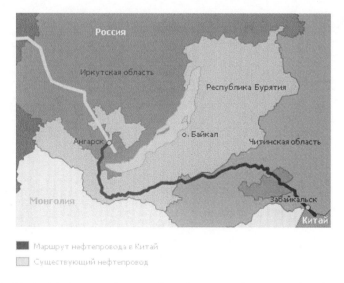

俄尤科斯公司向安──大線供油示意圖（此圖源自中國大陸社會科學院俄羅
斯東歐中亞研究所網站）

俄東西伯利亞和遠東地區石油東輸幹支線示意圖（此圖源自中國大陸社會科
學院俄羅斯東歐中亞研究所網站）

雙方缺乏互信機制

　　中俄雙方官僚體系的互信機制主要是促進雙方中階官員相互瞭解的過程。中俄雙方在能源問題上的接觸由來已久，在上個世紀九十年代初期，中國的北方公司就開始與俄羅斯的新西伯利亞的石油公司接觸，但雙方的石油貿易還只是停留在易貨貿易的一部分階段。可想而知，雙方在交易時必然會遇到石油價格的問題，當時在石油價格完全低迷的狀態之下，中方對於俄方所提供的石油質量和價格是不滿意的。中方的石油專家認為，新西伯利亞的石油由於完全處於凍土地帶，俄羅斯石油公司開採的原油所花費的成本過高，並且石油質量不是很高，新西伯利亞所出產的原油與中東國家石油公司產品的質量存在相當大的差別。俄羅斯出產高質量原油的秋明油田一般都向歐

中俄總理定期會晤委員會能源合作分委會第九次會議於 2007 年 7 月 9 日－10 日在北京召開。會議由分委會中方主席、國家發展改革委馬凱主任與俄方主席、俄工業和能源部赫里斯堅科部長共同主持。

洲國家出口，秋明油田在俄羅斯歐洲區的南部，每一次中國專家都喜歡到秋明油田考察，但從秋明油田所購買的原油訂單卻寥寥無幾。所以在九十年代初期與中期，中方並不熱衷於購買俄羅斯的原油，由此可見，新西伯利亞地區對於中國公司的不滿是由來已久的。

遊說俄官員難度大

中國現在面臨的整體大環境就是，在能源問題上中國基本上現在還不具備完全的心理準備。表面上看，中國所面臨的外部環境變化太快、太猛，而這其中的實質問題是中階官員與管理人員缺乏長遠的戰略眼光與計劃。在中俄兩國日漸明顯的能源問題上，中方的官員並沒有積極地在新西伯利亞地區進行遊說，並消除新西伯利亞與遠東地區的俄羅斯官員對於崛起中國的疑慮。當然，遊說新西伯利亞與遠東地區的俄羅斯官員的難度是相當大的，因為俄羅斯官員在蘇聯解體之後，即使是有選舉，對於地區人民的關心還是相當不夠的，他們的一些怪理論就包括：即使該地區沒有外來的投資，只要該地區還保留石油的戰略資源，那麼該地區的人民就有富裕的一天。當然這種富裕也許在不久的將來，但石油戰略資源必須服務於國家總體的戰略方針。當然，如果國外的公司能夠無私的或者獲取小部分的利益的話，俄方可以接受這樣的投資。在這種情況之下，沒有一個外國公司願意投資的，而俄羅斯官員最大的特點就在他們願意等待。

中國自 1993 年開始成為石油淨進口國，中國每年的石油進口量快速增長，對於國際市場依賴程度也越來越大。近十年來中國國民經濟以年均 9.7%的速度增長，原油的消耗量則按年均 5.77%的速度增長，而同期國內原油的供應增長速度卻僅為 1.62%。目前中國進口石油的一半以上來自中東，2002 年原油淨進口量從2001 年的 6490 萬噸上升到 7180 萬噸，年增幅達 10.7%，其中從中東進口原油 3439.22 萬噸，佔全部石油進口的 49.5%。

中國媒體對於兩國間石油戰略的關心是非常正常的，但媒體關注中國方面是否投入專精的官員或公司管理人員呢？現在投入

到兩國交往的中方官員主要是由兩方面組成，一方面是具有中俄多年交往的老談判專家，另一部分就是學習俄語按部就班考上外交部的人員，而在俄羅斯留學的留學生沒有得到適當的重用，但他們的優勢就在於深入瞭解俄羅斯人的性格與文化，可以扮演兩國交往的黏合劑或潤滑劑。中俄兩國都是大國，中方人員必須要比俄羅斯更加靈活，因為俄羅斯作為石油能源大國，我們的目的是要找對方合作的。儘管車臣分離主義分子還困擾著俄羅斯的發展，但俄羅斯進一步分裂的可能性已經不大，俄羅斯要想發展遠東經濟就必須要同中國打交道，而日本由於北方四島的問題無法完全放下包袱同俄羅斯建立真正的夥伴關係，那麼，我們的優勢就在於中國也可以等俄羅斯，直到俄羅斯官員認為遠東的石油必須要賣到中國，並且中國是俄羅斯遠東地區最真誠的夥伴。但俄羅斯中階官員的特點在於比較直接表現出自己的粗魯與貪婪，在談判中佔有優勢時，還總不忘談到友誼，並時常表現出大國的傲慢，中國的官員必須要很好的掌握對方的心理，為國家爭取到自己的實質利益。

媒體應關注互信機制的建立

2003 年 5 月 22 日，俄羅斯政府已經正式批准《2020 年俄羅斯能源戰略》檔，該戰略指出：俄羅斯國家能源政策的重要方向是，俄羅斯要在未來二十年間成為國際能源市場的積極參與者，並與國外投資者在能源開發和利用領域中進行合作。這份文件基本上非常清楚的表明，俄羅斯未來能源戰略是建立在能源開發與利用上來的，而不僅僅是簡單的能源買賣，因為俄羅斯政府認為

這樣會使有限的資源快速地流失。中俄未來的能源合作模式非常有可能是：中國在俄羅斯境內與俄方一起開發能源，並將已開發好的能源輸往中國，但這必須建立在兩國長期和平安定的基礎之上，並且俄羅斯要長期信守合約，不能隨便侵犯中國方面的既得利益。因此，雙方的官僚體系此時建立互信機制是十分有必要的。

烏傳媒在大選中分裂[4]

在上個世紀末，烏克蘭開始全面與俄羅斯結盟，但之前親美政策下培養的民眾親美情緒並沒有隨時間而消失，這次烏克蘭媒體人的分裂是其外交政策搖擺的必然結果。烏克蘭媒體記者的言論標準一般都是依據美國媒體發展的現狀而定，這些記者經常接受美國媒體組織的支持，經常到美國學習，這使得烏克蘭媒體基層與中層的記者編輯的思想與高層和政府的思想完全不統一，現在發生在烏克蘭的混亂只是烏克蘭領導失策的一次集中體驗。

烏克蘭社會目前正陷入了一場敵我情緒對立的危機當中，執政黨總統候選人亞努科維奇在選舉後以不到三個百分點的差距領先反對黨「我們的烏克蘭」候選人尤申科，尤申科以選舉舞弊為名與政府進行全面抗衡。烏克蘭上議會的機關報《烏克蘭之聲》在 11 月 25 日當天沒有登載烏中央選委會承認亞努科維奇當選新總統的正式公告，只是刊載了選委會公佈的最後選舉結果。無獨有偶，反對派電視台第五頻道報導指出：烏克蘭最高法院根據尤申科的上訴，宣佈在選舉調查結果出爐以前選委會不得公告亞努科維奇當選總統。

---

[4] 本文發表於《大公報》2004 年 11 月 30 日

在這次對抗當中，媒體人的態度在影響民眾意見方面具有至關重要的地位。烏克蘭各大媒體官方網站都非常密切關注選後情勢的發展以及市中心聚集幾十萬示威抗議的民眾行為。與此同時，烏克蘭國家電視一台內部的矛盾卻率先攤牌，這主要是自由派與國家派媒體人在媒體發展方向上的分歧意見終於在這次選舉後的分水嶺時期公開體現出來。自由派與國家派媒體路線之爭，事

這是俄羅斯青年組織「納什」Nashi，俄語意為「我們的」組織的首次夏令營活動

實上也反映了屆滿卸任總統庫奇馬在執政的十年間政策的搖擺。庫奇馬在執政的前半期採取親美親歐的政策，但在烏克蘭國內能源嚴重缺乏，在上個世紀末，烏克蘭開始全面與俄羅斯結盟，但之前親美政策下培養的民眾的親美情緒並沒有隨時間而消失，這次烏克蘭媒體人的分裂是其外交政策搖擺的必然結果。

國家電視台內部矛盾白熱化

烏克蘭內部的分裂首先反映在國家電視台領導層和編輯部對總統大選期間新聞報導的不同意見，在選委會公佈選舉結果之後媒體內部的矛盾首先爆發出來。烏克蘭第一電視台的消息新聞節目有 14 名記者宣佈罷工，這些記者認為在選舉之前他們多次與烏

克蘭國家電視公司領導層溝通關於選舉期間新聞客觀性報導取向問題，在領導完全不採納的情況下，選擇在大選結果公佈之後罷工抗議。罷工的記者們還表示，烏克蘭國家電視公司的高層，在這次選舉新聞報導過程中違反了烏克蘭法律保障民眾有完整瞭解公正、客觀、全面新聞的知情權利。

2002 年 2 月初，前總統庫奇馬簽署法律，確立了烏克蘭國家電視公司成為國家廣電事業集團領導公司的正式官方地位。2003 年 11 月 20 日，烏克蘭議會通過修正條款，確定國家電視公司與國家廣播公司總裁職務的任命必須由國家領導人提名、議會表決通過才能生效。但是與此同時，廣播電視公司要設立一個由社會各界代表組成的公共執行委員會，負責節目政策的制定，而廣播電視公司的總裁則相當於公司管理的經理人。烏克蘭言論與資訊自由委員會會長多門科則表示，在政府無錢進行媒體商業化的前提之下，這樣的措施比較有利於廣播電視公共化的發展。

然而，在烏克蘭 2004 年總統大選年的前夕，議會對國家廣播電視公司總裁行使同意權的做法只能算是自由派與國家派在媒體發展上的一個妥協之舉，至少法律保障了國家元首對國家廣電事業的控制，但同時也賦予廣電公司在制定集團發展方針和組織經營管理上有一個較為靈活與多元的協商空間。烏克蘭第一電視台記者對於電視台國家化就一直抱持反對的態度，這次電視台的內部矛盾開始公開化了。烏克蘭媒體記者的言論標準一般都是依據美國媒體發展的現狀而定，這些記者經常接受美國媒體組織的支持，經常到美國學習，這使得烏克蘭媒體基層與中層的記者編輯的思想與高層和政府的思想完全不統一，現在發生在烏克蘭的混亂只是烏克蘭領導失策的一次集中體驗。

反對派媒體與政府對立

反對派總統候選人尤先科的顧問團中，一名音樂製作人瓦卡爾丘克向烏克蘭記者喊話：「我想呼籲每一位有媒體接近權的記者，當你在說什麼或寫什麼的時候，請捫心自問，不要用話語隱藏自己的職業道德和工作，現在不是談工作的時候，我們所有人都處在社會國家的罷工期，我們誰也不能正常工作。記者必須與人民站在一起，請與人民站在一起，就如同我的音樂工作夥伴，和許多其他人一樣，請你們發揮勇敢精神捍衛人民的利益，因為你們是世界上最自由的人，全世界都在看你們的表現。」瓦卡爾丘克的呼籲似乎與罷工記者前後呼應。

反對派媒體的代表就是第五頻道，第五頻道為了支持尤先科，已經與政府當局的關係瀕臨崩潰。第五頻道的 25 日報導指

2005 年 7 月 20 日，普京在克里姆林宮與人權專家會談時發表講話。

出，俄羅斯特種部隊已抵達烏克蘭首都基輔。後來烏克蘭內務部社會信息局官員否認了這一則報導，並要求媒體不要散佈不實的資訊，以免誤導大眾認為烏克蘭即將進入暴動，內務部斥責傳媒增加社會不安的動盪情緒。即將卸任總統庫奇馬指責第五頻道的報導試圖改變政局為反對派提供談判籌碼。11 月 26 日，國家廣電委員會召開緊急會議，討論將封鎖第五頻道和紀元電

視台，政府這一舉措正式向反對派電視台施壓。政府與第五頻道的對立情緒逐漸升高。在 10 月 31 日的第一輪投票後，國家廣電委員會認為，該電視台在節目中放縱政治人物預測尤先科將勝出的消息，因此決定採取法律途徑要撤銷該電視台的播出執照，政府釋放這一資訊之後立刻引發 11 月 2 日該電視台記者進行絕食抗議，抗議理由是政府打壓電視台是為了避免尤先科當選。第五頻道於 2003 年創台，兩顆電視衛星發射覆蓋 1500 萬觀眾，是西方投資烏克蘭的商業電視台之一，其親西立場可想而知。

媒體成為政治鬥爭工具

事實上，總統和內務部指責媒體的報導不是沒有原因的，因為在烏克蘭的政治走向上，媒體比政府還要著急走西方路線，媒體人認為媒體事業發展必須要經歷西方市場自由化的道路，而烏政府為避免失去對傳媒的經營控制權，只能對媒體做出部分的妥協，例如國家廣電集團的國公合營共管的經營體制以及國商並存的傳播雙軌制體系。第五頻

顏色革命的背後

道是支持反對派總統候選人尤先科的自由派傳媒，這樣該電視台就會從美國在烏克蘭的跨國公司獲得大量商業廣告的播放權。烏

克蘭媒體在發展過程中失去了自身的特色，反對派媒體在選舉之前塑造反對派有絕對實力贏得選舉的印象，這樣即使反對派輸掉選舉，也會獲得執政黨的其他妥協。媒體為獲得自身商業利益和影響政局的影響力，卻儼然已成為烏克蘭政治鬥爭的工具。

俄國輿論監督難體現[5]

　　蘇聯解體之後，俄羅斯媒體面臨轉型。大眾傳播媒體被視為在俄羅斯政治體制轉軌過程中一個不可或缺的社會聯繫機制。俄羅斯著名政治學家安·米格拉尼揚在《俄羅斯現代化與公民社會》一書中就認為，任何國家的現代化進程都是與公民社會是否成型聯繫在一起，而公民社會的建構有賴於個人、社會和國家三者之間的有機互動，每個成員部分都有他們在建構公民社會中的功能角色，而大眾傳播媒體正是政治的對話者、資訊的傳播者與公民社會的組織者。在俄羅斯政治體制轉軌中所帶來的社會震盪，主要是由於國家和某些社會權力精英將他們的利益凌駕在社會利益和個人利益之上，大眾傳播媒體成為少數上層利益團體的囊中物，媒體資源被赤裸裸地爭奪，政府政策不能有效宣傳的亂象成為電視呈現給觀眾的視覺影像娛樂，而實際民生問題與媒體報導脫節，個人切身利益沒有得到上層的關心。

媒體沒能穩定社會情緒

　　蘇聯政治體制的極大缺陷來自於幾個方面：第一，權力機制的失衡，由於政治機器缺乏有效的分權制衡，權力高度集中現象再加上缺乏社會的監督機制，導致了上層領導與民心背離，政治

---

[5]　本文發表於《大公報》2004 年 11 月 30 日

結構的嚴重失衡制約了俄羅斯現代化發展的進程速度，並且擴大了社會各階層不滿情緒的鴻溝；第二，蘇聯的民主制度發展到最後成為直接為少數人服務的權利機器，既不像古希臘羅馬城邦所倡議的直接民主，也不像資本主義社會形成後所建立的代議制度，社會公民意見在整個國家體制中沒有疏通的渠道；第三，權力的異化現象，公民社會強調權力來自於公民，政治機構是受委託執行公民意見的地方，因此人民是社會國家的主人，而蘇聯政治結構中產生國家官員從「人民公僕」變成「人民主人」的權力異化現象，多數人的利益在少數人的利益把持中隱沒。

當蘇聯的社會已經走到政治高度發展時期之際，政治權力的更替與社會資源的分配沒有辦法在現有的體制中謀求很好的解決時，處在中間階層的社會精英必然採取一種更為激烈的手段去打破現有體制藩籬。此時，如果大眾傳媒的聯繫功能夠得到適當的發揮，讓公眾有一個發揮意見的情緒宣洩管道，促使各種意見能夠得到交流的機會，那麼，這些人的積怨就不至於大到要去推翻一個龐大的政治機器，因此傳媒平臺的建立是有助於社會情緒的穩定，傳媒社會功能的不彰反而會導致人民的積怨像是潛伏在火山內部深層，一有突破口必然火山爆發，限制傳媒的公共領域範圍只是加速社會成員為了自身利益以更激進的行動尋找突破口。

2005 年 3 月 25 日，在白俄羅斯首都明斯克，一名參加反對派示威
活動的男子被防暴員警拘捕

媒體爭奪資源先於資源分配

　　蘇聯至俄羅斯轉軌時期對於開放傳播自由為何會造成俄羅斯
社會如此震盪呢？按照道理說，傳播自由一直被西方國家當作民
主進程的組成部分。早從西方國家的第一部印刷機出現後，出版
商無一不爭取擁有印刷執照與出版書籍的權利，以謀求大量出版
書籍的豐厚利潤；而書籍作者無不希望能夠將自己意見的心血結
晶，通過出版自由而得以面世問眾；此外在歐洲中世紀文藝復興
運動開始以後，大量書籍的出版又成為提升民眾教育程度的知識
來源，以至於對於社會資源分配的政治權力問題，一直都是社會
精英關注的焦點。因此報刊就成為社會精英到其他社會組織成
員、甚至於個人發表自由意見的地方，報刊成為社會輿論最有可
能集中體現的地方。因此執政者相當害怕這些社會精英的批評意

見，當局通常會選擇控制出版執照的手段，限制報刊的出版與發行數量，以避免反對報刊中可能出現的威脅言論。

俄羅斯在爭取傳播自由的過程中，經常遭受當局的各種限制是必然出現的現象，而傳播自由領域中所出現的社會震盪，更多地來自於上層少數的利益集團赤裸裸地爭取媒體的經營權，而媒體的公共領域同時也成為政治鬥爭的前線戰場。這時媒體對於政壇醜聞的曝光也是有助於民眾瞭解到底是誰在剝奪社會的公器資源。但問題就出現在，當媒體特別關注這些政壇醜聞的同時，處於上層建築的政治精英們並沒有覺悟要為民眾的福祉著想，只想到要趕緊佔據資源的最佳位置。因此，社會在責怪媒體過度報導政治醜聞的同時，也要讓民眾對上層利益團體的勾結腐敗現象做出輿論的監督。因此，傳播活動若不能得到一定程度的政策鬆綁，那麼民眾的「知情」權利以及「接近使用媒體」資源的權利何以體現？民眾的社會輿論監督將只是一場尚未實現的夢想。

自由意見市場未能形成

俄羅斯媒體報導自由化與公眾化的初步實踐顯示，各級政府權威機關、媒體經營者與專業媒體人之間對於新聞自由的理解、傳播內容的取向以及採訪範圍的界定等都存在著一定的落差與鴻溝，媒體寡頭與媒體人在執行新聞自由的過程當中加入了過多的戲劇因素，這樣俄羅斯民眾看到的新聞自由就成為犯罪新聞與為人事鬥爭需要的高官醜聞變成新聞報導的主角，甚至後來莫斯科還出版了以報導高官醜聞為主要內容的報紙，此時媒體的商業利益已淩駕在社會的公共利益之上。公共事務的內涵在媒體報導方

式娛樂化的處理下沒得到重視，媒體沒扮演好聯繫的角色，疏離了社會成員對公眾事物的參與感和責任心。

　　然而，由於在二十世紀的九十年代，俄羅斯傳媒法當中缺乏對媒體事業做出合理股份比例分配的限制規定，這使得媒體市場變得相當不公平，政府、銀行家與企業主成為媒體的所有者，小的媒體經營者沒有生存的空間，媒體「公共領域」的「自由意見市場」無法形成。轉型中的俄羅斯傳媒法是一部充滿自由理想的法律，它並沒有真正使人民的自由意見得以完整體

俄羅斯總統普京（右）和白俄羅斯總統盧卡申科親切交談

現。媒體反倒是政治人物、媒體精英與媒體寡頭意見最為集中體現與爭執的地方，傳播自由使得這些人首先得到發言的話語權，並且讓他們影響著俄羅斯政局發展的輿論走向。媒體在為政府服務與企業主服務之間，為公眾服務的「市民公共新聞」在前兩者之間隱沒。

極端事件考驗俄傳媒[6]

　　一場由俄羅斯政府主導、俄媒體聯盟主辦的「極端事件與新聞媒體」的研討會將在 2 月底舉行。主辦單位是「媒體聯盟」。該機構成立於聖彼得堡，「媒體聯盟」是由普京政府撥款支持的媒體領導人組織。媒體聯盟與由西方支持的俄羅斯記者協會形成支持政府與監督政府兩派的媒體工作者單位。媒體聯盟主要的成員是媒體高層領導，而俄羅斯記者協會的成員則是一般新聞工作者。這場研討會的目的是為了總結與定位在別斯蘭人質事件後國家安全與新聞報導的互動關係。

　　2004 年 9 月 1 日，在俄境內爆發的別斯蘭人質案仍令人記憶猶新。當時俄媒體工會緊急在案發之日發表聲明表示，希望俄媒體能夠遵守兩年前媒體聯合簽署的反恐公約，並且重申指出：「在發生極端事件時，救人與保護生命的人權要先於任何其他公民權利與言論自由」的新聞原則。工會強調，恐怖極端事件雖不能作為箝制新聞自由的理由，但是媒體要發揮自律精神，遵守反恐公約的新聞原則。俄三大電視台於 9 月 1 日晚間的新聞收視率反映出：媒體高層沒有做出延長新聞時間的決策，顯示了收視效益在俄當局反恐大業面前必須被暫且擱置在一旁。

---

[6]　本文發表於《大公報》2005 年 2 月 2 日

極端事件促收視攀升

俄傳媒在三天的別斯蘭人質案中，都將此事件放在第一關注的焦點，各媒體官方網站的主要頁面都是此案的連續報導。其中兩大國營聯邦級電視台—俄羅斯第一電視台和俄羅斯電視台的網站上也都加設了許多視頻報導。據蓋洛普媒體調查結果顯示，第一電視台新聞品牌節目「時代」新聞與「夜間時代」收視率最高；俄羅斯電視台的新聞品牌節目「消息」特別報導系列緊追在後；獨立電視台的新聞品牌節目「今日新聞」雖然相對收視較低，但同樣具有不可小覷的影響力。俄三家電視台的新聞時段平日也都是分開播出的，這基本上分散了收視的強烈競爭性，而增加了新聞收看的延續性與比較性。平時「時代」新聞雖然播出時間最晚，但是收視比率高過七點播出的「今日新聞」和八點播出的「消息」新聞。「時代」新聞這個新聞品牌自蘇聯時期就延續下來，口碑一直相當穩定，雖然歷經蘇聯解體，電視台曾多次被政府更名，但仍未能消滅第一電視台「時代」新聞節目長久所建立的新聞品牌。

在爆發別斯蘭案當天，俄羅斯電視台與獨立電視台增設晚夜間整點特別報導，仍無法撼動第一電視台在深夜播出的「夜間時代」新聞所培養出來的固定收視群。俄羅斯電視台的「消息」新聞是俄聯邦政府發布資訊的主要權威管道，近幾年來此一新聞欄目收視穩定成長。獨立電視台的「今日新聞」則收視處於逐漸滑落的窘境，「今日新聞」一向以快速、獨立與辛辣報導各類型新聞事件而著稱。在別斯蘭人質案中，獨立電視台是第一個發布帶著嬰兒的婦人被釋放的消息。但幾分鐘過後，以國家聯邦首席電視台姿態出現的俄羅斯電視台則率先播放了事件的新聞畫面。俄羅斯電視台近一年來也改以「俄羅斯」（ROSSIA，俄語發音）

取代原來俄羅斯電視台的縮寫（RTR），該台希望藉此繼續打響俄羅斯聯邦電視台的新聞品牌。當 9 月 1 日別斯蘭案爆發時，第一電視台「時代」新聞的報導仍是按照往常時段播放新聞，並沒有開設其他的特別報導。「全俄羅斯國家電視廣播公司」的集團總裁杜伯羅傑夫就認為，「今天俄羅斯的生活進入了一個空前的時刻，社會利益與國家利益重疊在一起，這可以解釋為聯邦中央級的俄羅斯國家電視新聞節目擁有長期穩定的高收視率。他表示：「兩年前，獨立電視台可以說是資訊王國的領先者，而現在這個現象已經不存在了，資訊機構可以站在比較平等的基礎上競爭。」

俄政府控制電視發射權

俄聯邦級三家電視台都沒有開設專業新聞頻道，乍聽之下或許覺得落伍，但深究其原因基本有二：一方面資金與資源有限，但另一方面更重要的是俄政府至今仍不放鬆對電視台空中信號發射權的開放，這是俄中央對國營和商營電視台所保留的內容審查最後控制權。政府有了這個發射控制權，如今俄電視發展就比較容易再從商業化走向國有化與公共化的道路上來。畢竟，俄政府對於俄羅斯電視台和其他的國營或私營電視台有著不同程度的要求。俄政府相當注重國家電視台與商業電視台的區隔性，目的就在於兼顧俄電視事業所需的傳統繼承性和創新發展性。

2000 年後，俄政府的國有資本進駐俄最大的商業電視台——獨立電視台，在普京媒體政策限制之下，獨立電視台新聞辛辣力度與消息來源逐漸減弱，收視情況不如從前。獨立電視台所擅長

的突發性事件報導模式，已經與媒體寡頭古辛斯基媒體管理時代大相逕庭。原來在上世紀九十年代中期後出現的醜聞新聞已經式微。醜聞新聞的報導框架就是將俄政府放在可被眾人取笑與揭醜的標準上，這種報導框架導致了俄政府官員的威信形象大大受損。但這種報導卻在當時普遍被狹隘地認定是民主的與自由的。美國扒糞新聞的做法，被俄商業媒體簡單理解成公眾人物隱私的揭露運動，而媒體所應承擔的真正影響國家利益與公民利益的新聞輿論監督功能卻鮮有能夠發揮出來。新聞報導的衝突性與感觀性卻是商業電視台慣用的操作方法。若在九十年代俄羅斯傳媒追求的是新聞自由所帶來的市場利潤，那麼在二十一世紀初期俄羅斯傳媒更加注重的是國家安全與社會輿論監督的公眾利益。這被視為俄傳媒轉型成功與否的關鍵問題。

反恐任務中的新聞原則

上個世紀的九十年代，處於轉型中的俄政府與媒體，對於國家安全和新聞自由領域之間的拿捏還不是十分堅定與自信。自第一次車臣戰爭爆發多年以來，別斯蘭人質事件可以說是俄媒體報導極端事件的轉捩點。因為在反恐公約的自律公約的約束之下，俄媒體在極端事件爆發時，基本上是持「先報導後討論」與「事實陳述多於批評討論」的態度，以及「救人與生命人權先於言論自由」的新聞報導原則。商業利益會被放在其次的位置。俄聯邦級三家電視台應如何在緊急狀態中處理新聞自由與國家安全的關係，此時已經大抵取得了一定程度的經驗模式，這應該是普京總統多年涉入電視經營權與致力新聞政策改革所樂見的景象。

國家意識薄弱吉國變天[7]

　　吉爾吉斯國家對於媒體的培養是完全失調的，吉爾吉斯的大部分記者在大學畢業之後都會到國外進行免費的培訓，而這些記者並沒有建立符合吉爾吉斯國家利益的新聞觀，在吉爾吉斯報紙的銷售量也是非常少的。試想這樣的媒體發展水平如何能夠支撐一個國家的發展，這樣一個低水平的政府如何能夠支撐一個處於非常重要戰略位置的國家。

2005 年 3 月 24 日，在吉爾吉斯斯坦首都比什凱克市街頭，
數千名反對派支持者舉行示威遊行（照片來自新華網）

---

[7]　本文發表於《大公報》2005 年 3 月 29 日

2月27日吉爾吉斯經過議會選舉一個月之後，政府的反對派基本上在這次選舉中全面失利後，吉爾吉斯南部發生了騷亂，已經有兩個獨聯體國家因選舉而發生騷動並迫使政府開始變動，這次又發生政府更迭。在烏克蘭與格魯吉亞已經發生了徹底的變化，我們分別稱為「橙色革命」與「天鵝絨革命」。

俄報以「南北戰爭」為題

據筆者的觀察，發生在這三個國家的問題這基本上都屬於經濟都普遍不好，失業人口過高，這使得反對派很容易找到進行遊行的人員。另外美國對於這三個國家都是首先是採取利用國際組織的常設機構進行滲透，然後再親自派人員到該國家進行符合美國利益的活動。此時，這三個國家在面臨騷亂時，該國媒體都普遍參用一種親西的態度，筆者在俄羅斯留學時曾經與這些國家的很多記者有過交流，發現這些國家的重要記者基本上都有到美國或者西方國家學習的經驗，而且到這些國家基本上都是免費的。這些記者回來之後都對美國的民主自由的思想精神留下了非常深刻的印象，對於前蘇聯以及後來的俄羅斯某些作為都產生了深惡痛絕的感覺。

美國駐吉爾吉斯大使斯蒂芬?揚在向美國國會提交的關於該國議會選舉期間局勢的報告中表明，美國在吉爾吉斯議會選舉期間用於推動各項「民主」和支持反對派候選人的活動方面已經花費500萬美元，報告還呼籲美國政府在支持吉反對派方面再撥款2500萬美元。在這裡試想如果俄羅斯政府也開始用更多的資金來支援吉爾吉斯那會如何？而且俄羅斯一定已經這樣做了，但問題

在於俄羅斯並不會用金錢來支援反對派，在金錢進入現政府手中，現政府就一定會用這些錢來維持舊政府中弊病，民眾一定會對此更加感到反感，這使得美國可以用很小部分的錢就能達到事半功倍的效果，俄羅斯只能作費力不討好缺乏戰略的投資。選舉前媒體沈默

俄羅斯《獨立報》著名記者維克多裏?邦費洛娃在 3 月 23 日的報導中就是用了《吉爾吉斯的南北戰爭》的標題，該文章強調按照現在吉爾吉斯局勢的發展，阿卡耶夫的家庭是不會受到侵犯的，總統阿卡耶夫正在與反對派進行談判，按照現在局勢的發展，吉爾吉斯非常有可能會成立一個經過選舉的名為「比什凱克人民議會」的新議會，總統會有可能與反對派進行完全的分權。與吉爾吉斯相鄰的大國哈薩克斯坦國內媒體此時卻顯得非常安靜，如《哈薩克斯坦真理報》對於此事件基本上是沒有太多報導，哈薩克斯坦《報紙網》則一再報導，吉爾吉斯不可能進入緊急狀態，且政府是可以控制當前混亂的局勢的。總體來講，中亞其他國家真有種事不關己高高掛起的感覺。

吉爾吉斯的媒體在選舉前 2 月 25 日吉外交部長阿·艾特瑪托夫發表講話之後便處於沈默狀態，艾特瑪托夫在出席上海合作的會議期間對外宣佈，吉爾吉斯不會重複所謂的「橙色革命」，也不存在發生任何有色革命的可能性和前提條件，他強調，吉爾吉斯的政局是「穩定的、平靜的和正常的」。但 3 月 22 日後，《吉爾吉斯時報》就開始發表與政府不一樣的評論，該報評論大約有三篇，他們分別為：吉爾吉斯到底發生了什麼？聯合國秘書長安南歡迎在吉爾吉斯各方所展開的談判、發生在吉爾吉斯的事件正在納入烏克蘭遊戲的軌道。

筆者認為相較於烏克蘭與格魯吉亞，吉爾吉斯整個處於比較不同的情境，首先在這個國家俄羅斯與中國在政治與經濟上對於該國的影響是非常大的，而西方國家當中只有土耳其有著較強的影響力。2001 年筆者曾經到比什凱克參訪半個月，該城市的民眾給人的印象基本上是：這是一個非常平和的城市，但該城市的失業人口確實太多，首都幾乎沒有工廠是開工的，而該城市新建的建築基本上都是國際組織的駐地、西方國家的聯絡處或者供外國人住宿的旅館，因為整個首都最大的比什凱克飯店的服務水平僅相當於中國的企業招待所，只是該飯店的面積比較大而已，其他的飯店硬體與軟體的水準則更低。失業人口太多

2005 年 3 月 24 日，吉爾吉斯反對派遊行者在首都比什凱克市中心經過一輛熊熊燃燒的汽車（照片來自新華網）

3 月 22 日吉爾吉斯總統阿卡耶夫的發言人宣佈：最近幾個星期席捲全國的抗議活動是犯罪分子策劃的「政變」。發言人同時還指出，與販毒黑手黨有勾結的犯罪分子完全控制了奧什和賈拉拉巴德的局勢，他們正在竭力奪取政權。總統阿卡耶夫在面對記者的訪問中提出：反對派正在企圖通過抗議活動發動政變，反對派的行動得到了國外的指使和資助。

吉爾吉斯反對派之一的社會活動家別科納紮耶夫認為：吉爾吉斯南部的大部分地區已經被「人民的力量」控制，在這種情況之下，即使當局在比什凱克實行緊急狀態那也將是毫無意義的，因為南部的 200 多萬居民早已對政府不滿，這幾乎是吉爾吉斯全國人口的一半。

現在看來吉爾吉斯政局的發展基本上是 2003 年 2 月 2 日總統的信任和憲法修正案舉行全民公決的延續。當時有 212 萬選民參

加了投票，這佔全部選民人數的 86%，其中 76% 的人贊成通過憲
法修正案，79% 的人支持現任總統阿卡耶夫到 2005 年 12 月任期
屆滿時再卸任。憲法修正案的主要內容是把吉爾吉斯從總統制國
家改為總統狃議會雙軌並行的國家，並改兩院議會制為一院議會
制，修正案削減總統的部分權力和擴大政府、議會的權限。吉爾
吉斯中央權力的下放實際上是對國內尖銳的社會政治矛盾做出的
讓步，維持現有政權的延續性，但這樣的讓步並沒有實現證據的
真正穩定。吉爾吉斯現在大約有 3000 多個非政府組織，這使得社
會秩序顯得比較混亂，一些地方和少數民族經常有不服從中央的
行為。民眾接觸外國免費雜誌

2005 年 3 月 24 日，吉爾吉斯斯坦反對派支持者佔領了位於首都比什凱
克政府辦公大樓內的總統辦公室。（照片來自新華網）

　　現在看來總統阿卡耶夫的執政有兩點是缺乏戰略性的。首先，他在執政後期基本上只追求執政的最低目標，就是堅持到任期結束，他希望在保證最低條件之下，政府能夠正常運行，但與此同時，他並沒有傾注太多的心力在培養自己的接班人上，總統阿卡耶夫在長期執政期間所形成的總統家族已經成為吉爾吉斯民眾長期詬病的主要對象。其次，是吉爾吉斯國家對於媒體的培養是完全失調的，吉爾吉斯的大部分記者在大學畢業之後都會到國外進行免費的培訓，而這些記者並沒有建立符合吉爾吉斯國家利益的新聞觀，在吉爾吉斯報紙的銷售量也是非常少的，在首都民眾主要看的就是《比什凱克晚

這是 2005 年 3 月 22 日拍攝的吉爾吉斯斯坦總統阿卡耶夫的資料照片（照片來自新華網）

報》，但該報的印刷水平以及新聞事件報導基本上與莫斯科的社區報紙水平差不多，在中國只相當於大學校報的水平，試想這樣的媒體發展水平如何能夠支撐一個國家的發展，所以當地民眾更多的是接觸國際組織以及土耳其、美國、德國所派發的英文俄文免費雜誌，這樣一個低水平的政府如何能夠支撐一個處於非常重要戰略位置的國家。

　　吉爾吉斯的鄰國塔吉克斯坦儘管政府的執政能力非常的低，但俄羅斯已經完全介入塔吉克斯坦整個的政府、國防的運作。在2001年時，在俄羅斯獨立電視台的政論節目中就有俄羅斯的一些政治分析家指出：俄羅斯現在將太多的金錢投放到塔吉克斯坦的國防以及政府官員的培養上，事後普京還在新聞稿中做出反擊，如果俄羅斯現在不投入精力到塔吉克斯坦，屆時如果該國出現重大災難時，俄羅斯的國家安全以及邊境就會出現中的漏洞，特別是阿富汗的毒品就會透過塔吉克斯坦源源不斷來到莫斯科。

框架報導制約中俄關係[8]

近三個月以來，中俄兩國領導人頻繁會晤，反映了兩國日漸趨緊的互動關係。6 月 30 日，俄羅斯總統普京偕其夫人專門為胡錦濤夫婦準備了一場在莫斯科郊外總統別墅中的總統家宴，這可以說是雙方領導人友好互動以及雙邊關係取得實質進展的一種表現。

中俄友好意在能源

6 月 30 日，俄羅斯電力能源公司總裁邱拜斯在哈巴羅夫斯克市時宣稱，準備就關於俄羅斯出口電力能源到中國一事與中方簽訂合作備忘錄。邱拜斯認為此一計劃對俄羅斯來說具有地緣政治上的戰略意義。他認為中國是俄羅斯建立遠東次級電力能源系統的最佳能源市場，因為給中國供應俄羅斯多餘的電力能源可以為遠東經濟發展帶來豐厚的利潤，也可以鞏固兩國建立長期的戰略夥伴關係。俄羅斯可以憑藉能源供應在歐亞能源市場之間扮演關鍵的角色。

就中俄兩國經濟互動關係而言，2004 年的中俄雙邊貿易總額已經達到 212.3 億美元，今年 1－5 月，雙邊貿易額持續呈現發展勁頭，達到 100 億美元，比同期增長了 29.7％。俄總理弗拉德科夫對此表示兩國有能力持續擴展雙邊貿易額的增長。不過，俄也

---

[8] 本文發表於《大公報》2005 年 7 月 18 日

有報導認為，雖然中俄兩國設定將在 2010 年達到雙邊貿易額 600 億－800 億美元的戰略目標，但是雙邊貿易額形式絕大部分還是停留在一種不平衡的以物易物的貿易框架上，也就是中國主要提供俄羅斯日常生活方面的輕工產品，而俄羅斯提供中國能源、軍工產品和相關技術。儘管如此，俄報導認為改善雙邊平衡貿易的問題不得不先拖到將來再設法解決，而建立中俄之間能源供應鏈是當前雙邊重要的經濟議題。

回溯 1996 年雙邊貿易額還在 40－50 億美元掙紮時，當時俄總統葉利欽在雙邊領導人會晤時提出二十世紀末雙邊貿易額超過百億美元，那對中方而言是一個很大的挑戰。當時中方認為中俄雙邊貿易的基礎相當薄弱，中方主要購買的是俄方的武器和金屬原料，並且國際石油市場價格偏低，再加上俄羅斯出產的石油含硫量與雜質過高，使得中國石油進口偏重在中東國家。如今中俄貿易額增長將持續把重點放在能源的供應與需求的互補關係上。

俄原料經濟存在困境

2000 年普京執政後，俄羅斯近幾年來總體經濟都呈現在 8－9 %的強勁增長率的態勢上。然而，俄羅斯科學院通訊院士、國家杜馬信貸機構和金融市場委員會成員格拉濟耶夫卻認為，俄羅斯以原料為導向的經濟是沒有前途的。他認為那些贊成以原料為出口導向的人多出於與原料部門息息相關的人，他們將出口原料當作個人收入的來源。再加上由於在俄羅斯經濟體制中缺乏有效儲蓄轉投資的銀行機制，基金市場不發達，使得投資主要部分來自大型能源企業本身。

　　銀行系統對投資市場的貢獻率大約佔 18%。缺乏適當的國家政策，使得那些擁有穩定收入來源的部門才能存活下來。這就形成了僅僅以原料為出口導向的原料部門擁有相對高的利潤與收入，得以保障其投資進程的資金提供。然而在發達國傢俱有促進國內生產總值增長的新技術因素卻在俄羅斯呈現弱勢的現象，這嚴重制約了俄國健全經濟的發展。此外俄羅斯必須改善國營企業的利潤收繳機制，才能將超額利潤自國外返回國內，進行採購國產機器與設備，投入合作部門，最後到培植原料加工這一生產鏈中，如此一來，採掘礦藏才能成為經濟增長的發動機。要不然返回俄羅斯國內的利潤只能提供簡單再生產與提供就業方面，採掘礦藏工業就等於是在為國外經濟增長服務了。

　　潛藏在俄羅斯亮麗宏觀經濟增長點的本質的確存在投資困境。俄羅斯預算盈餘來自國家沒有完全如數履行對國民工資與社會福利的支付，但卻履行對國外貸款的償付，用來確保國外巨額資金不被西方利用各種藉口凍結，順利讓部分資金返回俄國國內。如此一來，俄政府就不容易得到國民的支持，這就造成俄民主體制形式之下的社會情緒不安。因此，俄國政治氣候不穩定成為國外投資者怯步的主因。在這種情況之下，俄政府主要重點不應該完全放在削減國家開支的基礎上，而是通過長期發展戰略，建立穩定債務轉投資機制，以確定長期投資項目，把自由流動的貨幣資源聯繫起來。也就是建立一套健全的銀行機制，持續提供為擴大商品的生產與供應所需的資金。格拉濟耶夫認為這一點中國作得較為出色。他認為，俄羅斯需要透過發展銀行體系來提供發展生產資金的長期貸款機制。

缺乏瞭解制約雙邊貿易

普京總統會見中國大陸外交部長唐家璿

　　中俄之間在穩定邊境、發展邊貿、強化能源貿易、打擊恐怖主義和反對分裂國土等議題上都已經建立起共識。不過，兩國媒體對彼此國情的認識，還是不足以因應兩國逐漸建立的一種戰略關係。中國媒體對於中俄高層會晤經常強調互信、友好的一種氣氛，然而對於俄羅斯其他領域的報導，多限制在一種過去冷戰時期意識形態的報導模式當中。中國居民對於兩國國民收入也喜歡進行一種單純的比較。有些中國媒體乾脆就在中國認知俄羅斯的想像概念框架中，進行所謂的俄羅斯專題報導，明眼人一看就知道不是不懂俄文與該國國情現狀，就是在「機械」地呼應中國國內某些既定觀點的套路結果。

　　當前在中俄雙邊交流進入歷史最佳時期的時候，中國媒體應當多利用自己文字、聲音、圖像介紹俄羅斯的各種情況，以增進中國對俄羅斯的全面瞭解。目前中國駐俄記者也是比較缺乏的，這對於中俄兩國發展雙邊貿易額的戰略目標而言是不成比例的！

俄需要與鄰國團結合作[9]

在 8 月間，中俄兩國之間有兩件事情最引人注目，首先據俄羅斯《獨立報》報導，俄將在 2007 年末至 2008 年初建立首批經濟特區，但數量不超過 10 個，這意味著俄羅斯部分地區開始學習中國建立經濟特區的經驗而建立俄式的自由經濟區；另外，8 月 18 日，中俄兩國共同舉行聯合軍事演習，很多分析人士認為這是中俄兩國關係邁向準聯盟關係的實質性步驟。但筆者認為俄羅斯在發展自身戰略夥伴的同時，俄羅斯更要先加強自身的意識形態的包容性，不然俄羅斯很難與其他國家共處。

構建俄羅斯模式

俄羅斯的官員與民眾是持完全不同的思維模式，而且兩者之間是欠缺溝通的，這種情況在蘇聯與俄羅斯時期是基本一致的。英國學者胡戈?賽湯華生在《衰落的俄羅斯帝國》一書中就指出：與別的國家不一樣，俄羅斯官員更多地自視為放牧人類的高級物種，而被放逐的人必需服從、有耐心，願意花幾個小時或幾天的時間等待一項決定，並遵守決定。

前美國駐俄羅斯大使館的經濟顧問約翰?布萊尼（John Blaney 2002 年，被任命為美國駐黎巴嫩大使）認為：在俄羅斯就像下一

9　本文發表於《大公報》2005 年 8 月 26 日

盤三維棋，任何一級都有不同的規則和棋子，有時所有的規則都
會變得不一樣。在俄羅斯只有一小部分的官員是非常靈活、果斷
和主動的，在西方國家出入的俄羅斯官員和商人都是能非常好和
能把握自己的優秀者，但他們是少數中的少數，這種現象在蘇聯
和俄羅斯聯邦兩個時期都沒有非常大的改變。蘇聯和俄羅斯的官
員基本上都是寧可按部就班也不願主動和冒風險，因為對於他們
來講，主動不會受到獎勵，這樣做的結果便形成了僵化、無能、
懶惰、保守和為了逃避責任而將大小事情都交給上級決定的工作
態度，而且上級官員必須對於部下所犯的錯誤承擔一切後果。

　　如果說蘇聯還是意識形態的強國，那麼在葉利欽主政的俄羅
斯時期，意識形態的管理僅能稱為意識形態的維繫而已，在這一
時期俄羅斯再度出現了所謂的歐洲派、亞洲派和斯拉夫派三者發
展方向的討論，以填補蘇聯解體之後所留下來的意識形態的問
題。其實這三種模式在討論的時候並沒有看到俄羅斯發展中的特
殊情況，這就是俄羅斯本身的戰略格局，這種戰略格局就是，俄
羅斯的發展必需建立在自身意識形態的發展的基礎之上，不受西
方國家的限制。

　　俄羅斯本身就可以成為獨立的區域主體，這使得俄羅斯統治
階層產生可以不與他國交往的高姿態性格。首先，俄羅斯是一個
資源大國，因而俄羅斯並不需要進口任何的資源；其次，俄羅斯
本身的軍事可以保護自己的國家，它並沒有與其他國家進行結盟
的需求；最後，俄羅斯的工廠由於其自身工廠設備系統的獨特
性，這使得西方國家不能大量出口設備到俄羅斯，俄羅斯只需要
西方國家的資金而已。

　　在 2000 年普京執政之後，筆者發現俄羅斯在實質的發展過程
當中並不存在所謂的三個發展方向，而需要建構「俄羅斯模式」，

這種模式必需要自創，不需要模仿。俄羅斯模式的實質就是俄羅斯在成為一個政治大國、資源大國的同時，還應該成為意識形態的大國，但這種意識形態的大國不是建立在本國內部的發展之上的，也不是通過刻意向其他各國輸出的方式而顯現出自己的強大或者自己的存在，這種意識形態首先是建立在二十一世紀資訊戰中的軟體優勢，這種優勢就是要與全世界的人民共同享有自己國家的資源與文化，獨樂樂將會使俄羅斯被排除全球化之外，屆時俄羅斯只有選擇歐洲或者亞洲區域經濟體加入。

謀求內部整合

　　西方社會的部分研究者曾經有人斷言，俄羅斯的精神世界已經崩潰，其社會意識已等同奴隸的意識，俄羅斯人可以為美元去幹任何一切違法的事情；另外還有一些學者認為，俄羅斯應當成為西方國家的資源來源國，越來越小的俄羅斯對於西方國家而言是非常有利的，如何肢解俄羅斯成為西方國家政治研究中非常重要的一環。但這兩個普遍存在於西方國家的觀點充滿了矛盾之處，矛盾點在於如果第一個假設是事實的話，那麼肢解俄羅斯的前提就不成立了，因為所有的俄羅斯人都是唯利是圖的小人。這樣的國家就沒有任何希望，那又何必費力氣去肢解它呢？

　　美國學者布熱津斯基就曾講過：俄羅斯是一個戰敗的大國，它打輸了一場大仗。如果有人說：「這不是俄羅斯，而是蘇聯」，那是迴避了現實的說法。事實上那的確是俄羅斯，只不過它曾叫過蘇聯而已。它曾向美國提出挑戰，結果它戰敗了。現在決不可以再把俄羅斯的強國之夢滋養起來，一定要把俄羅斯人的這種思維方式和愛好打掉……俄羅斯應處於分裂狀態，時常受到來自西

方國家的關照。美國前總統尼克森也認為：西方應該盡它的一切可能……否則冷戰勝利有從美國和西方國家的手中溜走的危險，從而變為最終的失敗，蘇聯變為俄羅斯只是勝利的一小部分，冷戰最後的廝殺還要與俄羅斯決定勝負，這是一場無休止的賭局。美國前外長亨利？基辛格也曾講過：蘇聯解體無疑是當今最重要的事件，布希政府對這一事件的處理表現出高超的藝術。俄羅斯現在正在通過國內局部的戰爭和整合部分共和國出現的混亂來謀求重新的統一，從而使俄羅斯再次聯合成為牢固的、中央集權國家。另外英國前首相梅傑則說得更明白：蘇聯冷戰失敗之後，俄羅斯的任務是保證向富國提供資源，而這一任務只需 5000 萬到 6000 萬人就可以了。

俄羅斯和獨聯體國家地圖

從意識形態包容性入手

對於西方不斷壓縮俄羅斯的戰略空間，俄羅斯總統普京似乎已經做出了反應，這就是「國家間相互合作」。儘管獨聯體是俄保證世界廣大地區穩定的現實因素，但俄羅斯經濟新的向心力所

在，並不僅僅是傳統意義上的獨聯體和歐洲。俄羅斯與歐盟在經濟領域的積極有效合作，並不能夠使得俄羅斯加入歐盟。普京提出歐洲是俄羅斯優先考慮的國家，以便俄羅斯與歐洲國家早日形成統一的經濟空間。這樣的觀念是錯誤的！現在俄羅斯如果不馬上在周邊國家做好團結合作的話，獨聯體也將會成為過去式。

顯然總統普京在 2002 年還沒有認識到相互合作的範圍應當是更為廣泛。如果簡單的把國家現有實力範圍劃分在獨立體，經濟聯繫的主要國家集中在歐洲的話，那麼，俄羅斯的整體的戰略範圍就非常局限了。而俄羅斯與其他周邊雙邊關係有一個非常簡單的邏輯模式：輸出先進武器就變為對自己的威脅，周邊國家只有歐洲國家（具體的說就是西歐國家）才是俄羅斯能源的買主，俄羅斯的任何文化是高於周邊國家的，俄羅斯在任何的經濟交往當中都應當是收益者，俄羅斯都應當是周邊國家的主導者，如果不是的話，就與其交往減少。

顯然這都是制約俄羅斯發展的因素，俄羅斯在現今的發展階段所急需的並不是資金，而是技術和設備，在這一方面俄羅斯的東方鄰國中國在改革開放二十多年的時間內已經積累了大量的經驗，另外在印度的近十年的發展當中，其在技術相對落後與資金還不是非常充裕的情況之下，印度已經成為軟體大國。對於這些，俄羅斯要從意識形態的包容性入手，即俄羅斯的媒體都應支持政府與中國、印度進行有效的交往，俄羅斯媒體人不要認為自己在西方國家資金支援下經常到美國與西歐，就認為自己就是歐洲人了，這是不負責任與短視的。現在看來，俄羅斯媒體整體都欠缺戰略格局。

中俄軍演有利俄再崛起[10]

8月18日，代號為「和平使命2005」的中俄軍事演習在中國的黃海地區開始展開。對此很多美國學者認為這是中國和俄羅斯進入實質性的交往階段，甚至有可能這是兩國間正式進入

中俄和平使命-2005軍演參演的中方部隊（照片來自新華網）

聯盟階段的初級階段。事實上在這次軍演過程當中，俄羅斯的獨立電視台、第一電視台、《獨立報》等媒體，都在電視新聞和評論員文章中表達出同樣的看法，那就是這次軍演是俄羅斯向國外銷售武器方法改變的實質性步驟。如果俄羅斯部分媒體的看法是正確的，那為何俄羅斯要改變銷售武器的方法呢？俄羅斯作為一個大國，其軍事戰略的每一步驟都應該是有前瞻性的，那俄羅斯這次改變的前瞻性又在哪呢？

---

[10] 本文發表於《大公報》2005年9月7日

軍演加速俄軍工業發展

8月23日俄羅斯《獨立報》在一篇題為「目標長遠的演習」一文中提出，俄羅斯 2006 年國防預算額將增加 1180 億盧布，從而達到 6683 億盧布。俄國防部長伊萬諾夫不久前提出了在今年年底以前，俄政府將會增撥 300 億盧布軍費。這主要用於俄羅斯軍隊最近舉行的一系列大規模軍事演習。在這條消息中我們非常清晰的看到俄羅斯軍事戰略思維的改變，那就是俄羅斯現在作為一個解體後獨立的國家，對於俄羅斯而言，在東邊已經沒有了戰略敵人，有的只是想進一步瓦解俄羅斯的西方。俄羅斯軍演的目的就是如果俄羅斯現階段已經與中國簽訂和平協約，那麼俄羅斯在東面領土基本是完全沒有任何敵人，俄羅斯的問題就只停留在西南部的高加索地區、烏克蘭地區、波羅的海三小國地區，而這些問題都和北約有著千絲萬縷的聯繫。如果能借助軍演讓俄羅斯的武器有一個全新的檢驗，並加速俄羅斯軍事工業的發展，那對於俄羅斯再次崛起將會是非常有利的。

俄羅斯現在的問題就出現在軍事工業本身。俄羅斯軍事工業在沒有大量政府採購的情況之下，很多軍工產業都向外出口，比如俄羅斯生產的直升機就很少用於軍隊。這樣俄羅斯軍事工業中的各種弊端都在各個進口國面前展現。首先，俄軍工企業最大的問題就在於把自認為好的產品經常「吹」的神乎其神，而在實質上卻是質量不穩定，比如有些產品的零件會出現這樣那樣的問題。其次俄方會以洩露機密為名，在零件的配備上經常不按合約辦事。對此，俄方有一個非常奇怪的理由就是，如果廠方配給用戶的零件過多的話，用戶將有可能自行製造組裝，所以用戶所需零件的數目通常是由俄軍工企業決定的。這樣用戶購買的設備如

果出現問題的話，俄方會鼓勵用戶購買成品，而不是零件。這種飲鴆止渴的做法據說已引起印度的反感。俄軍工廠對外經常說政府預算少，對內則有預算資金分配不均的現象。對於這些軍工企業內部的弊端，在很多時候俄政府是拿軍工企業沒有辦法的。如果俄羅斯政府經常組織一些演習的話，就可以當場檢驗俄羅斯武器的先進性，而且政府還可以節省大量預算，並增加政府的武器訂單，可謂一舉三得。

中俄軍演各有目標

這次中俄軍演，可謂是兩國各取所需。首先，因為兩國經濟基礎的實質性完全不同。這主要是俄羅斯是一個資源型的大國，採用出口能源、軍工產品和發展重工業就可以恢復元氣成為一個強國。但中國卻是一個非常複雜的綜合體，中國儘管資源比較豐富，但在石油等方面卻是非常短缺的。最近在廣州出現的成品油短缺就是一個警號，中國南部基本上是以輕工業為主，北方尤其是東北地區才以重工業為主。這樣假設中國與俄羅斯進行結盟的話，中國儘管會獲得俄羅斯的能源，但中國輕工業發展需要來自西方的技術和管理卻將會失去很多。

其次，這次中俄兩國的軍事演習，對俄羅斯而言是武器外交的一部分，而對於中國而言則是中國軍事外交的一部分。對此俄羅斯的中國問題專家、俄羅斯科學院院士米赫耶夫認為，中國和俄羅斯舉行這次軍事演習同中國新的軍事外交理論相吻合，中國在最近兩年內更積極參與地區和國際活動。在這種指導思想下，中國不但更積極地加強同美國的軍事聯繫，同時也加強同俄羅斯

的軍事合作。中國在積極推進軍事外交的主要目標是為中國國內的經濟建設創造良好條件。由此我們可以看出，這次軍事演習是中國多元化外交的一部分。

8月21日，中俄軍演聯合指揮部俄方司令員費奧多羅夫海軍上將在指揮大廳內報告戰役決心（照片來自新華網）

發展方向決定經濟政策

列寧在推動新經濟政策之後，史達林在國家發展方向上也面臨過選擇：蘇聯是發展重工業還是輕工業？對此，很多俄羅斯學者都有大量的研究，問題的焦點都集中在史達林是否繼承了列寧的思想？答案主要有兩個，一個是否定的，這樣可以讓史達林執政期間對蘇聯進行的獨裁統治和列寧進行切割，這樣史達林獨裁不好的影響就與列寧無關了；另一個答案是肯定的，這個答案也是蘇聯解體之後，部分學者根據解密的檔案而得出的觀點。

筆者認為這兩個觀點都只說對了一部分問題。因為如果我們把列寧的思想進行政治和經濟兩個方面的來看，我們此時就非常清晰的看到：在經濟方面，史達林並沒有繼承列寧在執政後期所執行的新經濟政策；在政治方面，史達林只繼承了列寧在戰時共產主義時期的政策，這些政策是有相當的獨裁性質的。當時在1927年之後，列寧在新經濟政策的應用上已經取得巨大成功，但當時列寧還沒有建立有關社會主義新經濟政策的理論基礎，這為史達林日後改變國家發展方向上留下了可能性。

但為什麼史達林沒有繼承列寧的新經濟政策呢？其中一個最主要的原因就在於，如果蘇聯採用新經濟政策的話，就等於蘇聯

要重點發展輕工業和農業，這樣蘇聯就需要大量設備和管理人才，但經過內戰的蘇聯是沒有這樣的設備和人才的，而從西方進口又是不可能及時解決蘇聯內部的經濟問題，倚賴西方會使蘇聯發展太過緩慢。基於這樣的思考方向，只有發展重工業才是蘇聯唯一快速發展強權國家的道路，發達的重工業會使蘇聯成為歐洲的強國。

俄可能再發展重工業

史達林在上世紀三十年代做過這樣的選擇，以後歷任蘇聯領導人也在走同樣的路。葉利欽曾試圖改變經濟發展不平衡的狀態，但最後卻以失敗告終。在普京執政的這一段時間，國際油價飛漲，俄羅斯因石油再次獲得了巨大利潤，這樣俄羅斯獲得了發展重工業的資金。但如果俄羅斯要發展輕工業，則從西方獲得技術和設備還是非常困難的，俄羅斯非常有可能再次回到發展重工業的老路。有消息指出，在中俄軍演之後，中國非常有可能在今後十年間會購買俄羅斯武器大約 150 億美元。如果消息屬實的話，那麼，加上印度和第三世界國家的軍購在內，俄羅斯在大量武器訂單的情況之下，非常有可能會再次走上軍事重工業發展的老路，屆時美國破解俄羅斯發展的手中王牌就是讓歐盟對中國武器銷售解禁，迫使中國走上武器來源多元化，但這樣的戰略大前提必需是兩岸關係和解、不對立的狀態。

車臣成俄意識形態芒刺[11]

　　這次俄羅斯高加索地區又出事了！10 月 13 日凌晨來自車臣地區的恐怖分子分成六個小組分別向巴爾卡爾共和國首府卡巴爾達市的聯邦安全局、3 個警察局大樓、邊防團軍營、納爾奇克邊防隊、武器商店、監獄和機場等地方發動進攻，最後在俄羅斯特種部隊圍攻後，進攻已經被遏止。此次中文媒體幾乎都把焦點集中在事件本身的聳動性，因為這些事情對於長期處於和平環境的中國人來講是不可思議的。

俄羅斯士兵在車臣戰爭中－1

---

[11] 本文發表於《大公報》2005 年 10 月 18 日

分離分子意志堅決

筆者在此就想提出一個問題：為何在俄羅斯地區一而再再而三的發生類似的恐怖事件？華東師範大學俄羅斯研究中心主任馮紹雷在鳳凰衛視的採訪當中提出，為何俄羅斯政府不能夠採取比較懷柔的政策來對待高加索地區的恐怖分子？如果按照中國政治的傳統思維，解決種族問題激化的良方就是懷柔政策，但俄羅斯政府似乎並沒有採取這樣的政策，俄羅斯駐華使館官員似乎也證明瞭這樣的政策。俄羅斯現在正處於意識形態的空窗期，面對以宗教為背景的車臣分離分子，如果俄羅斯政府不能夠採取強硬手段進行解決的話，那麼，車臣分離分子的成功就會馬上影響到整個的俄羅斯地區。

美國卡內基和平基金會俄羅斯和歐亞研究部研究員 Andrew Kuchines 在其《Russia after the fall》一書中就指出：蘇聯解體之後所發生車臣戰爭的根本原因並不複雜，也無需用深奧的陰謀理論來加以解釋。在世界的很多地方，一些民族團體或民族團體的強大勢力集團，試圖從國家的控制下分離出去，因而遭到這些國家的強烈抵制。在世界所有地方，這一問題的最終結果都將導致殘酷的戰爭，通常雙方都有極端的暴行。相對來說一國容許其法定的領土的一部分和平的分離出去的情況是非常不可能的，這當然不包括海外殖民地在內。

假設 Andrew Kuchines 所講的情況是完全正確的話，東歐各國的和平演變之後應該有很多場戰爭發生，蘇聯解體也應當會有一些加盟共和國之間發生戰爭。但事實卻是在蘇聯解體之前，由於蘇聯政府在公開性改革進行當中並沒有處理好民族問題，戰爭

卻在解體之前提前爆發。這其中一個非常重要的問題在於俄羅斯的意識形態與車臣分離分子的意識形態誰會比較強硬。而直到現在為止，普京執政已經五年的時間，俄羅斯在這兩年經過經濟的高速增長之後，俄羅斯整體的意識形態還沒有確定，但那些分離分子的意志則非常堅決，而且有把整個車臣的亂局帶到整個高加索地區的架勢。

俄處於意識形態薄弱期

　　1999 年俄羅斯多數政要參加了在達沃斯舉辦的世界經濟論壇，在那次論壇上西方記者提出了一個非常經典的問題：Who is Mr. Putin？當時這個問題引來所有記者的掌聲，而在場的俄羅斯的政要則滿臉的疑惑和不滿。2001 年底又是在這個論壇上，該名記者又提出了同樣的問題，但兩次確實決然不同的感覺。第一次應該是西方充滿了對於普京的不瞭解，但第二次提問則是在問普京的政治主張和對於意識形態的態度具體如何。在俄羅斯的政壇上無論是俄羅斯共產黨的主席根納季久加諾夫、蘋果黨主席格裏高利亞夫林斯基、還是佛拉基米爾日裏諾夫斯基，他們的政治主張都是非常清楚的，或左或右、或者中間路線。但普京則非常特殊，普京本身不隸屬於任何的政黨，歷次總統選舉中他都是以獨立候選人的身份出現的，普京在任上的五年期間，沒有一次講話對於自己的政治和意識形態立場表達清楚，但在任何的講話當中普京都以不同的形式宣佈自己對於國家的忠誠。這樣為普京在歷次的選舉中創造了非常大的優勢，他不僅得到了中間選民的支持，而且贏得了大部分右翼和左翼選民的支持。在此我們需要注

意觀察普京所宣揚的愛國主義和強大國家的憧憬是建立在擁護民主和法制、維護俄羅斯國家安全和提高俄羅斯公民的生活水平的基礎之上的。那麼在蘇聯解體之後俄羅斯是否需要新的意識形態？應該承認蘇聯是一個意識形態濃厚的國家，蘇聯被稱為無產階級專政並把建設社會主義新社會作為自己的主要目標。在 1918 年通過的第一部蘇維埃憲法第 3 條就規定：俄羅斯蘇維埃社會主義聯邦共和國的基本任務，是建立社會主義的社會組織和爭取社會主義在所有國家的勝利。而在 1977 年通過的最後一部蘇維埃憲法中，世界革命的主題消失了，而變為社會主義在該階段宣告順利建成，國家的基本任務變為：在馬克思、列寧主義武裝的蘇聯共產黨的領導下，為共產主義的勝利鬥爭，而蘇聯共產黨成為蘇聯社會的領導和主導力量，是社會政治體系、國家和社會組織的核心。在這裡蘇聯政府在制定自己的憲法時犯了一個基本錯誤，就是

俄羅斯士兵在車臣戰爭中－2

既然社會主義在蘇聯宣告已經獲得成功，如果蘇聯共產黨還是國家的核心的話，那麼在民眾的感官上來講蘇聯共產黨就成為一個比較講究享受的政黨，而不是一個與民眾共同奮鬥的政黨。

　　對於這一點，許多的美國專家就有這樣的認識，美國媒體記者兼蘇聯研究學者約翰薩特認為：共產主義意識形態為自己的公民提供了一套嚴密而完整的理念，這使得最簡樸的公民生活變得更加具有意義，共產主義是不能夠通過武器戰勝的，小恩小惠是不能夠改變公民對於共產主義的信仰，但如果找到另外的意識形態與之對立，那麼共產主義意識形態就有可能變得無用。該學者還認為

俄軍兩次車臣戰爭犧牲士兵總人數超 6 千名

蘇聯共產主義的意識形態不是被某種新的、強大有效的意識形態擊垮的，而是毀於社會各階層對於政府官員無能的執政能力。民眾對於自己生活的不滿而導致對於馬克思列寧主義的整體進攻，但當共產主義意識形態坍塌之後，俄羅斯的執政者才發現沒有任何一種意識形態可以取代它的位置。

應尋找自己的支柱

　　俄羅斯是否需要一個全民族的或者是凝聚整個國家和獨聯體的意識形態呢？俄《獨立報》專欄作家恩巴甫洛夫認為，俄羅斯不能在沒有自己的意識形態的狀態下生存，俄羅斯應找到自己的

支柱。每個文明、民族和國家都有自己的道路以及在精神、政治和其他關係中能夠使人們聯合為一個整體的東西。社會主義思想或者宗教思想在俄羅斯國家的發展中發揮了凝聚的作用，並時常賦予任何活動以意義，如果脫離了意識形態，俄羅斯人民將會無所適從，這將是俄羅斯人民的悲哀。從這個意義上說俄羅斯是個意識形態的國家，無論這種意識形態是什麼，俄羅斯政府必須有義務幫助國家建立一種有使命的思想，只有這樣才能維護俄羅斯的統一。

應該說，現在俄羅斯處於整體意識形態的轉型期，車臣分離分子潛在的威脅是俄羅斯政府無法妥協的根本原因。那麼，俄羅斯境內的恐怖事件是無法用安全部隊和情報人員來制止的。

俄改變管理媒體方式[12]

　　1992 年當俄羅斯正式通過《傳媒法》之後，俄羅斯政府宣佈俄羅斯正式進入新聞自由的時代。按照《傳媒法》的規定，俄羅斯人辦一份報紙，政府大約需要一個月時間進行審批，成立一個電台，審批時間大約為兩個月，成立電視台的時間最長，大約三個月，而且還要進行嚴格的資產審核。1999年俄羅斯媒體內部人士表示，辦一份報紙大約需要3000 美元，電台大約 2 萬美

《消息報》中的普京總統

元，電視台則需要百萬美元。表面上看，俄羅斯似乎已經達到了完全的新聞自由，但實際上，俄羅斯政府對於報紙的控制手段還是非常嚴格的。

---

[12] 本文發表於《大公報》2005 年 11 月 30 日

今年 6 月底，筆者在復旦大學新聞學院作完博士後答辯之後，前文新集團社長、現任新聞學院院長趙凱教授，就向筆者提出一個問題：俄羅斯的媒體是否存在有效管理？如果存在，俄媒體管理到底在哪個地方？趙院長這樣一針見血的問題，還著實讓筆者找了幾個月的資料。後來發現，由於蘇聯的解體，原來存在於國家當中最為有效的黨紀消失了，隨之而來的只剩下法律和經濟手段，政治手段是比較少採用的，因為如果採用政治手段管理媒體的話，俄羅斯聯邦所屬歐盟就會進行干涉。因而俄羅斯印刷媒體的管理非常的隱蔽。其管理手段為，對新聞紙和印刷廠的管控。而對於電視台和廣播電台的管理，則在於對於電視台發射系統的管控。這裡我們主要討論印刷媒體的管理。

只有四家全彩印刷廠

真正能夠全彩色印刷報紙的只有四家印刷廠，是報紙存在的最基礎的因素。

在蘇聯時代，報紙都處在官辦、官買、官看的狀態，印刷廠從來就不是管理媒體的關鍵。在 2000 年俄羅斯境內就已經存在6000 個各種形式的印刷廠。在 2002 年底的時候，俄羅斯又出現了 1000 多家印刷廠，但這絕大部分是私人的、商業用途的印刷廠。他們主要的任務是印刷廣告。現今在俄羅斯為報紙服務的印刷廠主要有三種形式，分別為：宣傳部直屬印刷廠、非政府印刷廠和地方印刷廠。

2002 年底，宣傳部直屬印刷廠總共有 37 家，其實這 37 家印刷廠都是蘇聯時代的唯一的報紙印刷廠的分廠，現在這些分廠都

已獨立。這 37 家印刷廠的設備水平是不完全一樣的，為此俄羅斯
宣傳部在 1999 年實施了「政府支援國家印刷廠」的計劃，該計劃
在 2000 年底結束。在該計劃執行完結後，俄羅斯宣傳部直屬印刷
廠中有 3 家印刷廠可以承接全部彩色報紙的印刷，4 家印刷廠可
以承接半彩或全彩色報紙的印刷。另外，43%的宣傳部直屬印刷
廠是專門為出版社服務的，這樣幾乎所有的莫斯科中央報紙和部
分地方報紙，是在宣傳部直屬印刷廠內印刷的。非政府印刷廠完
成除政府印刷廠之外約 27%的業務。最大的、設備最好的非政府
印刷廠為金剛石印刷廠。另外還有俄羅斯與美國的合資印刷廠。
私人印刷廠基本上以印刷廣告為主，大部分的私人印刷廠並不具
備印刷全彩色報紙的能力。

地方印刷沒有實力

　　1100 家地方印刷廠，分割了 31%的地方報紙的印刷。如果講
宣傳部直屬印刷廠完全在非市場的條件下運作的話，那麼，地方
印刷廠則是在主動的尋找業務。由於地方印刷廠面臨的最大問題
是設備陳舊，沒有資金來更新設備，所以私人印刷廠所承接的廣
告印刷，地方印刷廠是沒有實力來完成的。總體來講，俄羅斯印
刷廠的設備有 80%需要更新，印刷廠的設備已經大部分老化，或
者是新設備而零備件不足。所有這些都妨礙了俄羅斯印刷廠申請
ISO 的證書。現今印刷廠的設備，一定要進行大面積的更新，這
些都需要大規模的設備進口，而俄羅斯本土生產的印刷設備並未
能夠達到國外的水平。俄羅斯印刷廠的管理人員希望國家能夠大
幅降低海關關稅來進口印刷廠所需的設備，並且最好再降低新聞

紙的進口稅。在此我們可以看出，俄羅斯報紙只有在宣傳部直屬印刷廠裡完成，如果大報需要全彩色印刷的話，還必須在那僅有的四家印刷廠裡完成印刷，這樣俄羅斯政府就可以對報紙的發展進行行之有效的控制了。

新聞紙管理成槓桿

現今俄羅斯印刷業的優勢就在於國內新聞紙的價格遠遠低於國際價格。儘管在全色報紙印刷上，俄羅斯的印刷設備落後，並且全色報紙的發行並不符合成本效益，但老舊的單色印刷卻已把成本降低到最低，只要報社與政府的關係不錯，報社就能保證效益好。在 1998 年後的 5 年間，俄羅斯政府總共投入 20 億美元在印刷廠的設備更新上。這其中每年有 2.5 億美元，是被迫要投入的。俄羅斯政府認為印刷廠設備的更新要嚴格按照政府的預算執行，設備更新的進程要符合國家媒體的發展。自蘇聯解體之後，1992-2000 年間，儘管俄羅斯媒體發展的方向發生了翻天覆地的變化，與此同時俄羅斯還執行了首部新聞法，但俄羅斯所出現的新聞亂像卻與新聞自由沒有直接的關係。因為儘管在俄羅斯出現了所謂的完全新聞自由，2001 年俄羅斯聯邦政府一共生產了 171.5 萬噸新聞紙，這比 1997 年多生產了 58 萬噸，但據官方統計，俄羅斯境內的報社總共的需求量為 179.5 萬噸。這中間有 8 萬噸的差距。與此同時，俄羅斯新聞紙的出口在 2001 年下降了 9%，但俄羅斯政府認為新聞紙並沒有供需不足的問題，這主要是由新聞紙價格體系決定的。俄羅斯大的報社使用新聞紙每噸的價格為 420-450 美元，而小的報社得到的新聞紙每噸價格為 550-600 美

元。如果我們以 2004 年廣東進口新聞紙的價格計算，廣東進口新聞紙的價格為每噸 444.45 美元，相比較我們可以看出，小報紙經常以高於國際市場近 200 美元的價格獲得新聞紙。這可以說是小報紙的災難。

報紙發行量低

自 1998 年俄羅斯金融危機之後，新聞紙的價格五年間並沒有太大的變化，這主要還得益於盧布與美元的匯率沒有太大的變化。俄羅斯重要的報社在新聞紙的使用方面是可以賒帳的，很多時候報社可以在年中才向政府還錢。這樣可以看出，大報紙佔盡先機，而小報紙在俄羅斯是隨時有可能倒閉的。倒閉的原因就在於非市場的不公平待遇。

自蘇聯解體之後，俄羅斯報紙的發行量空前低，但俄羅斯新聞紙的出口卻空前高漲。可以說蘇聯解體並沒有影響生產新聞紙企業的效益。據俄羅斯官方統計，2004 年之後，俄羅斯報紙對於新聞紙的需求量已經大幅度提高，而現今俄羅斯新聞紙的生產企業卻只有三個。另外，在現階段俄羅斯新聞紙發展遇到瓶頸的同時，俄羅斯雜誌、地圖和高質量的免費發行物的用紙卻大量依靠國外。這些高質量的新聞紙或稱銅版紙，主要從俄羅斯的鄰國芬蘭和丹麥進口。1998 年當俄羅斯經濟陷入金融危機的時候，俄羅斯高級新聞紙的生產幾乎處於停頓狀態。因此俄羅斯的雜誌社曾一度將雜誌的印刷搬到芬蘭，每週出版的雜誌在芬蘭印刷完成之後，再由聖彼得堡的海關進口到俄羅斯。

俄能源外交顯弊端[13]

從普京處理西伯利亞石油輸出問題上的解決方案來看,普京的戰略思維是有問題的,問題在於俄羅斯希望以石油賣個好價錢的方式讓中日兩國進行相互的叫價,俄羅斯變成隔岸觀虎鬥的旁觀者。這樣的做法是不對的。

在新的一年來到之際,俄羅斯與烏克蘭再次因為天然氣的輸出價格問題,造成這兩個前蘇聯加盟共和國成員和現獨聯體兄弟邦交國的關係再次陷入了局。一旦俄羅斯政府按照國際價格向烏克蘭輸出天然氣的話,烏克蘭將會馬上陷入前所未有的能源危機當中。天然氣價格應該不能成為兩國發展中的障礙問題,那麼問題就是出在俄羅斯的外交思維此時出現了嚴重的障礙,使得俄羅斯現今的能源外交產生了弊端。

傳統地緣政治失去優勢

在蘇聯時期,蘇聯當局在對外交往的過程當中,手中始終握有兩個非常有力的武器:一個是強制的意識形態,另一個是地緣政治的優勢。在第一次世界大戰之後,在列寧的領導之下迅速統一了處於分裂狀態的蘇聯,意識形態在史達林時期得到了前所未有的發展。在第二次世界大戰結束後,蘇聯迅速在周邊的國家建

---

[13] 本文發表於《大公報》2006 年 1 月 11 日

立了一道天然屏障，這道屏障是美國及其西方盟國所難以跨越的一道鴻溝。但在上個世紀八十年代末期，戈爾巴喬夫在意識形態上的創新使得蘇聯失去了在意識形態方面的優勢。隨著葉利欽建立俄羅斯聯邦政府之後，葉利欽設想俄羅斯還可以保留蘇聯時期的地緣政治優勢，再加上俄羅斯龐大的核武裝備，俄羅斯將會成為蘇聯後的另一個民主化強國。但這些夢想卻被美國的籠絡和蠶食政策變得難以實現。

首先對於足以讓俄羅斯驕傲的核武裝備，美國並不去觸碰。在蘇聯解體後的 13 年間，美國在歷次的對外戰爭中都採取武裝入侵和外交的有力結合，著重使用有效打擊和心理戰相結合的方法。在波羅的海三小國和烏克蘭加入北約的問題上，美國則採用讓這些國家自主決定的軟性方法，這樣就避免了正面與俄羅斯的核武器相強烈衝撞的可能性。美國對於俄羅斯手中的地緣戰略優勢同樣採用了兩手策略。在俄羅斯西邊，美國讓北約成功東擴，使得北約成為歐洲發展中的唯一軍事保護組織，這樣不論法國還是德國同意與否，北約成為歐洲安全的實際掌控者，而俄羅斯對於周邊國家的掌控也被限制在白俄羅斯、烏克蘭、格魯吉亞和中亞五國的小範圍內。在 2004 到 2005 年間，格魯吉亞和烏克蘭相繼爆發天鵝絨革命和橙色革命後，俄羅斯地緣政治範圍再次被緊縮。

能源外交應重中輕日

在俄羅斯東邊，美國儘管在某些方面認為「9‧11」事件之後，中國和美國之間的聯合已經沒有太多的必要，但美國為了壓縮俄羅斯的戰略空間，同中國保持平等的關係是美國的戰略需求，因

為中國在改革開放的二十多年間已經大量引進外資，對於中國整體的企業管理者而言，美國商人是基本上可以控制的和交流的。但俄羅斯卻在蘇聯解體之後，每年引進的外資卻少得可憐，1998年，俄羅斯引進的外資不超過 20 億美元。但從俄羅斯在能源擁有情況來講，俄羅斯利用自身的優勢，在不引進外資的情況之下，應該是可以再次發展成為強國的。但這裡卻有一個主要的問題需要俄羅斯來解決，那就是，俄羅斯的能源是專門輸出給西歐國家，還是西歐國家和中國兩者兼顧；在俄羅斯東邊，對中國和日本是兩者兼顧，還是以中國為主，日本為輔呢？

從普京處理西伯利亞石油輸出問題上的解決方案來看，普京的戰略思維是有問題的，問題在於俄羅斯希望以石油買個好價錢的方式讓中日兩國進行相互的叫價，俄羅斯變成為隔岸觀虎鬥的旁觀者。俄羅斯這樣的做法是不對的，俄羅斯應該明白中國在能源引進方面與日本是有著本質的區別，區別在於日本是美國的盟國，日本完全可以通過美國的保護獲得經濟發展所必需的石油，來自俄羅斯的能源只是處於替補的地位，在必要的時候，日本可以捨棄俄羅斯的能源，日本認為之前的設備投入的資金是完全可以忍受的損失。俄羅斯不能夠因為日本在外交公關上收買了部分的政客，而縮短了部分的外交視野。

在俄羅斯聯邦上議院中始終存在一個支持中俄合作的小組，在 2001 年時該小組只有 5 個人，到 2004 年時該小組的成員發展為 24 人，該小組已經成為上議院中最大的小組。不過在對中國制定決策問題的俄羅斯官員普遍存在老齡化的問題，比如對中國比較友好的單位主要是俄羅斯科學院遠東研究所等單位，這些單位在戈爾巴喬夫時代地位確實重要，但在葉利欽時代，特別是普京

時代，這些單位基本上都不是決策核心。在對俄交往過程中以及
在俄羅斯外交出現偏差的重要時刻，中國對俄外交系統同樣需要
注入新血，以增加對俄羅斯的準確理解和形成快速的決策。

俄對中認識不足

　　普京上任於整個世界的能源價格逐漸上升的時期，這樣俄羅
斯手中的新的外交資源在東邊變為地緣政治和能源武器。俄羅斯
的地緣優勢在烏拉爾山脈以西現在看來基本上已經失去作用。但
在東邊，由於中俄兩國領導人長期保持有好的交往而變得日益重
要。但這是否意味著俄羅斯能夠使用好自己的能源武器外交呢？
現在看來答案是否定的。據筆者看，問題不是出在普京的戰略思
維上，但普京在某些問題上卻有一些思維路線過窄的問題，而主
要問題則出在俄羅斯地方官員的思路上。地方官員主要的問題在
於如何處理好俄羅斯東部的中國移民和來自中國的投資問題。日
本對於俄羅斯東部的大部分投資基本上都是圍繞在如何收回北方
四島的問題上。俄羅斯地方政府普遍認為來自中國的投資額普遍
偏小，對於雙方合作的未來前景認識不足。

　　在過去 13 年間，在新西伯利亞地區，總共有 150 萬人離開該
地區，其中 70%是受過高等教育且技術熟練的專家，但來填補人
才空缺的中國人則對於繁榮該地區經濟並沒有太大的興趣，其中
主要的原因就在於俄羅斯沒有適當的移民政策，使得到該地區經
商的中國人不能夠享受任何的優惠政策，因此掙一筆就走的心態
普遍存在。再比如在中國 156 家大企業現代化過程當中，俄羅斯
企業也沒有扮演一定的角色。俄羅斯政府認為，中國現在普遍把

俄羅斯視做向中國輸出廉價人才和高新科技的提供者，俄羅斯地
方政府應該要防止崛起的中國對於該地區的影響。所有這些論點
應該是俄羅斯方面的誤解。試想現在美國、香港、台灣和西歐各
國已經向中國投入大量的資金和設備，能夠使用這些設備的人才
自然是高級人才，而俄羅斯的人才在中國的施展空間主要都集中
在東北三省和西北地區原來蘇聯幫助建設的企業。如果現在俄羅
斯還不正視這樣的處境，只怕是在未來的十年間，俄羅斯人才就
連這樣具有蘇聯傳統的地方都快進不去了。

普京訪保加利亞開展能源外交，1 月 18 日，在保加利亞首都索非亞，保總
統珀爾瓦諾夫（左三）和俄羅斯總統普京（右三）舉行會談

國家安全壓倒新聞自由[14]

　　美俄兩國的反恐行動與軍事打擊改變了媒體的新聞生態。愛國主義似乎壓打了新聞自由，成為這兩大意識形態對立強國新聞人的新任務，這一現象著實讓自由主義者甚為擔憂。

　　二十一世紀對於美俄兩大超級軍事強國而言是一個需與恐怖分子與災難鬥爭的年代。美國在 2001 年「911」事件之後正式進入了反恐時代。1999 年俄羅斯爆發第二次車臣戰爭，相較於第一次車臣戰爭的失敗，普京挾多數民意發動了一場捍衛國家主權與國家安全的戰爭。美俄兩國的反恐行動與軍事打擊改變了媒體的新聞生態。愛國主義似乎壓打了新聞自由，成為這兩大意識形態對立強國新聞人的新任務，這一現象著實讓自由主義者甚為擔憂。

布希強調國家安全

　　據美國大報《華盛頓郵報》網站 12 月 26 日一篇題為「布希向主編強調國家安全」的一篇報導指出，美國總統布希近日來多次親自接見美國多家大報的主編，目的是為了勸說這些大報主編在報導某些敏感議題時能夠優先以國家安全為考慮，該報導指出《華盛頓郵報》和《紐約時報》的執行主編前往參加了白宮這種少有的特別會議，意味著布希非常重視最近出現了一些有關質疑

[14] 本文發表於《大公報》2006 年 1 月 16 日

政府反恐策略的報導。美國總統之所以親自向大報主編面授機宜，被外界認為與《華盛頓郵報》記者達納·普裏斯特採寫的美國中情局黑獄事件以及《紐約時報》記者詹姆斯·裏森和埃裏克·利希特畢勞披露中情局未經過法院允許的監聽行為有關。不過仍有一些要求言論自由的人士批評這兩大報仍與總統達成某種妥協，因而對於美國實施竊聽活動的相關稿件壓著不放。

民眾抗議俄羅斯新聞自由狀況惡化

　　去年中旬以降，美國就因為《名利場》雜誌報導「水門事件」當中關鍵的消息來源者「深喉」的真實身份而起引社會震撼。「水門事件」的揭露者正是當年《華盛頓郵報》的兩名年輕記者：伍德沃德和伯恩斯坦。「水門事件」是尼克森總統為競選連任總統而對競爭對手競選總部進行竊聽的一樁政治與刑事案件。當年的「水門事件」被記者曝光之後，在美國新聞與政治各界包括記者、其他消息人士、調查人員、參眾院聽證會以及最高法院的介入之下，終究導致於 1974 年 8 月 8 日尼克森總統引咎辭職，40 名政府官員和尼克森競選連任委員會成員遭到判刑。

普京強調愛國主義

　　另外一樁政府與記者消息來源之爭的事件就是「特工門」事件。「特工門」事件係布希政治顧問卡爾‧羅夫涉嫌洩漏一名尼日爾特工的身份，這一點被《時代》週刊記者馬修‧庫珀於 7 月 16 日在電視媒體中公開證實。同樣在調查「特工門」事件的另一名美國記者，則因保護消息來源而陷囹圄當中。《紐約時報》記者裘蒂絲‧米勒因拒絕洩漏她的消息來源，因而被法官以藐視法庭罪名判處 3 個月的監禁。法庭對米勒的監禁判決讓《紐約時報》編輯部及新聞組反應激烈，並認為這是美國新聞自由史上最黑暗的一天。美國全國新聞俱樂部與記者無國界組織均聲稱，對於一名記者恪守職業道德所作出的司法判決是對世界新聞自由發出了一個危險的信號！

　　2004 年 9 月 1 日，在俄羅斯別斯蘭爆發了舉世震驚的人質事件。對於俄羅斯而言，車臣問題是國家安全問題的最大障礙。普京於 2000 年當選總統之後，把解決車臣問題與愛國主義綑綁在一起。從這個角度出發來看，普京對媒體管理的中心思想就是絕對的愛國主義，這一道禁區界線不論是國家政府的官方媒體或是私有商業的民營媒體都不能任意跨過的。況且就目前俄羅斯的媒體資源結構分配而言，普京政府對於廣播電視所需的發射塔與頻波等資源以及印刷媒體所需的新聞紙和印刷廠等資源都有嚴格的政策限制，因此民營媒體基本上已經在先天上失去了發展的前提條件。2004 年 9 月 24 日，普京在莫斯科全球通訊社大會開幕會上發表演說，表達了對新聞自由的看法。普京認為，在全球恐怖主義威脅的情況下，媒體不應該只是旁觀者，我們不能漠視恐怖分子利用媒體與民主加強心理與資訊壓力的詭計。

對於別斯蘭事件，俄羅斯媒體工會還緊急在 9 月 1 日發表聲明，希望媒體能夠遵守兩年前媒體聯合簽署的反恐公約，並重申「在發生極端事件時，救人與保護生命的人權要先於任何其他權利與言論自由」。無獨有偶，當天俄羅斯三家中央聯邦級電視台第一電視台、俄羅斯國家電視台和獨立電視台全部低調報導這一事件。其中獨立電視台當日也取消一檔由索羅維耶夫主持的「接近屏障」脫口秀節目，節目原本要討論北奧塞梯恐怖事件，開播前好幾位受邀訪談的來賓都在攝影棚內到齊了，但臨近拍攝時，主持人突然接獲電視台主管指示，公開說明根據節目製作人列文與總經理庫李斯堅科的要求，決定取消節目的錄製工作。第一電視台消息新聞欄目的資訊部門副總經理列文科認為，俄羅斯媒體應當承擔起保護國家電視台名譽的義務，俄羅斯現在正在處於非常時期，如果電視台要確定一些消息來源，媒體此時還要向反恐怖總部確定一些有爭議性的消息，如：人質的人數、恐怖分子的實質要求，俄羅斯媒體此時的要求是否恰當，是否會影響解決人質問題的進程，媒體與政府還沒有經驗，不過處理危機的官員應該要主動向記者公佈確切的消息，這樣記者就不會在危機事件中憑空揣測。對於外界認為俄媒體受到政權的壓力，他認為，他自己沒有感覺有來自政權的壓力，只感覺媒體人要自律的堅持，但媒體如何自律及自律的程度是不好掌握的。

媒體高層與總統直接溝通

對於別斯蘭這一緊急突發事件，俄羅斯總統普京、媒體工會和電視台之間已經建立一套可以執行的危機新聞報導理論。電視媒體在這次危機事件中的報導原則基本上與政府所希望的低調處

理保持一致。這與原蘇聯時代黨與政府直接以行政命令控制媒體
不同的是反應在媒體執行中央政策的效率上，例如：普京直接任
命專業媒體人杜博羅傑耶夫擔任全俄羅斯國家電視廣播公司集
團的總裁，直接與總統保持溝通。無獨有偶，俄媒體工會的領導
階層的成員也經常接受普京總統的召見，這種媒體與執政者的直
接溝通模式，強化了俄羅斯媒體在執行總統意願和維護國家利益
方面達到非常高的效率。這種媒體高層與總統直接溝通模式可以
反映在別斯蘭事件中三間聯邦中央級電視台低調處理新聞的態
度上。

　　二十一世紀的俄羅斯媒體正式從寡頭媒體的商業化時代進入
了中央聯邦級媒體的國家化時代，國家政府派媒體戰勝了自由民
主派媒體，成為二十一世紀初期俄羅斯媒體的主流。俄羅斯主要
的電視媒體的新聞政策與幾家大報的新聞政策必須不能有損俄羅
斯的國家利益，普京的對外政策與反恐政策也必須由媒體來護航
宣傳。相同地，美國在布希單邊主義的推動之下，新聞自由也亮
起了紅燈，國家安全問題成為布希政府與美國主流媒體必須相互
妥協的主要議題。

俄國媒體特色是什麼？ [15]

　　俄羅斯的新聞發展已經進入比較符合普京所建立的具有俄羅斯特色的媒體環境，那就是新聞不但必須在民眾心中有權威性，還要有信任感。

　　2006 年，俄羅斯國家電視台給予人們一種新視覺感受，節目單元形式擴大了新聞資訊類、綜藝娛樂類與自製電視影集的份量，而自製的電視影集與蘇聯時期電影的播放佔據總體類型節目的 35%。其中，「消息」新聞欄目的新聞製作的提升可以看出俄羅斯新聞體制改革的結果，新聞收視率有提升的趨勢。隨著蘇聯的解體，在二十世紀九十年代的整個十年當中，新成立的俄羅斯聯邦沒有挽救國民經濟向下滑落的頹勢。俄羅斯國營能源大企業與有相當金融背景的企業及銀行的領導人，乘國有企業進行「私有化」之機，在大肆傾吞國有資產之後，形成人們所熟知的「寡頭」與「寡頭經濟」。

　　俄羅斯金融工業集團對於俄羅斯社會經濟與政治生活產生了極具深遠的影響。2000 年以後，普京開始了媒體「國家化」進程，俄羅斯的國營能源企業將資金注入了金融寡頭的媒體，金融寡頭古辛斯基、別列佐夫斯基和霍多爾科夫斯基分別遭到通緝、起訴與逮捕，俄羅斯政府實行的是一種國有媒體公共服務制的管理形

---

[15] 本文發表於《大公報》2006 年 2 月 20 日

式，俄羅斯寡頭從對大眾傳播領域的絕對控制到控制權的喪失，這基本上屬於媒體回歸作為第四權力結構的基本特性的過程。但是此時的俄羅斯媒體更像是國家機關與企業組織的一個結合體，例如現全俄羅斯國家廣播電視公司的集團總裁杜博羅傑夫由普京總統直接任命，政府直接編列預算注入該公司。俄羅斯的國家廣播電視調查中心的專家小組於2006年1月4日出爐一份關於2005年俄羅斯最有影響力的廣播電視和最有影響力的媒體人調查報告顯示，全俄羅斯廣播電視公司總裁杜博羅傑夫是俄羅斯最有影響力的媒體人。

普京被美國《時代》週刊評為
2007 年「年度人物」

電視台打造「新聞大平臺」

2000 年 9 月，普京發布一道總統命令，該命令主要是修正原來葉利欽總統頒布的關於完善國家電子媒體工作命令中的一條，該條原來主要是授予地方政府對地方廣播電視領導的人事權，新命令也就是將原來屬於地方政府對於該地方的國家廣播電視公司的領導的任命權轉而納入全俄羅斯國家廣播電視公司總部的管理範疇內，全俄羅斯國家廣播電視公司不但擁有對地方國家廣播電視分支機構的人事權，同時還具有負責預算編列與經營營收的財權，這主要是防止地方國家廣播電視公司的領導對於資金的濫用與浪費。

　　普京總統藉由全俄羅斯國家廣播電視公司的中央集權管理方式，牢牢地控制住地方媒體，防範其與國外勢力的相互勾結，也可藉此控管地方媒體對中央政策的確實傳播，同時配合普京建立的聯邦七大行政區，普京任命直接對總統負責的全權代表，負責在聯邦區內組織實施總統政策，定期向總統報告聯邦區安全問題、社會經濟和政治局勢。普京建立新形式的媒體與政治的中央集權加強了中央政府的權威以及促進了國家的整合，解決自蘇聯解體後地方行政各自為政以及分離主義的危害。車臣問題是俄羅斯國家與社會安全的最大障礙，2005 年，俄羅斯國家電視台的新聞製作體制做了很大的調整，最關鍵的變動在於該電視台結合該台直屬的俄羅斯環球頻道，打造了一個全俄的「新聞大平臺」，最明顯的是這個製作直接擴大了清晨第一檔節目「早安，俄羅斯！」的節目型態與份量，該資訊類型節目是從早上 5 點開始在全俄地區同步直播三個小時又四十五分鐘，況且每半個小時播放一次該電視台招牌新聞節目「消息」。「消息」新聞節目的製作方式與管理結構與普京對電視媒體管理的思維是完全吻合的。

　　自普京上任頒布總統令擴大全俄羅斯國家廣播電視公司的職權之後，普京建構的就是一個能夠涵蓋全俄羅斯中央與地方的新聞媒體，所有的地方的國家電視台均納入全俄羅斯國家廣播電視公司的體系之下，地方廣播電視公司的人事權屬於聯邦中央的全俄羅斯國家廣播電視公司。同樣地，屬於中央聯邦的俄羅斯國家電視台的「消息」新聞節目，已經擺脫上世紀九十年代以莫斯科新聞為中心的節目形式，開始結合地方的國家電視台，打造的是莫斯科、聖彼得堡與其他城市同步新聞的「全俄新聞大平臺」，這種「全俄新聞大平臺」最大的優點就在於普京實現「媒體中央

集權」的理念,同時地方的新聞也能夠即時反映到中央,形成「資訊空間一體化」。「資訊空間一體化」是莫斯科大學教授施框金在九十年代倡導的理念。不過,普京建立的媒體模式乃是基於俄羅斯國情而設立的。

2007 年 2 月,美聯社和俄羅斯媒體就俄羅斯總統普京 15 日任命國防部長謝爾蓋·伊萬諾夫為第一副總理發表評論說,這使伊萬諾夫與原第一副總理梅德韋傑夫處於「平起平坐」的地位。由於普京要在 2008 年 3 月舉行的總統選舉中選定自己支持的繼承人,據此認為這兩人是主要對手。

國家化不悖新聞專業化

然而,普京實現「資訊空間一體化」的「媒體中央集權」之所以取得比較有效的成績,是有一定前提與基礎的,主要在於:首先俄羅斯記者有較強的現場應變能力,這一項能力非常適合「消息」新聞欄目現場直播的製作方式,再加上該新聞節目有派駐地

方的特派記者，這些記者對當地新聞有比較熟悉的掌握能力，能夠如實與準確地反映地方新聞。

形象被西方媒體醜化的普京

在普京「媒體中央集權」的大環境背景之下，記者直接向中央媒體負責，地方廣播電視也屬於中央管理。其次，雖然普京實行「資訊空間一體化」與「媒體中央集權」的「國家化」政策，但是與此並沒有悖離記者「專業化」的原則，因為俄羅斯傳媒法事實上是賦予記者有較大新聞採集權，提供記者比較寬鬆的採訪空間，因此俄羅斯的記者事實上是享有很大的新聞自主權，俄羅斯傳媒法反而對於媒體管理者有較多的限制。這樣的一種新聞自主與管理限制的結合主要是適應俄羅斯媒體的大環境，一方面既不讓新聞做死，另一方面不讓媒體寡頭再出現在俄羅斯媒體的管理層當中。在普京的媒體管理概念中，體現的是一種管理與自律同時存在的思維。

媒體培養出優秀記者

總體而言，俄羅斯媒體經過了傳播自由的洗禮與媒體轉型期的動盪之後，基本上已經培養出自己新一代熟悉現場報導與擅長採寫的新聞記者。再加上俄羅斯媒體管理階層在一般情況之下比較不干涉記者的新聞內容，而且新聞編輯部也享有較大的新聞自

主權。一般而言，俄羅斯新聞報導的界線不在於批評報導，新聞的紅線與警界區主要在於「立即與明顯」危害到國家安全與國家利益的議題，例如車臣問題。因此，俄羅斯的新聞發展已經進入比較符合普京所建立的具有俄羅斯特色的媒體環境，那就是新聞不但必須在民眾心中有權威性，還要有信任感，記者不僅在於是政府的形象化妝師與政策的宣傳者，這樣遠遠不能夠建立新聞與記者在民眾心目中的地位，更主要的問題是俄羅斯媒體賦予記者較大的新聞自主權，以及傳媒法提供比較寬鬆的採訪政策培養了俄羅斯自蘇聯解體之後的新一代優秀記者，這是新聞能夠轉變成為民眾信任的消息提供者的重要因素。

中俄如何將利益最大化[16]

俄羅斯國家利益最大化的核心就是要逐步加強保持控制石油、天然氣價格的能力，這需要俄羅斯與兩個大客戶歐洲國家和中國保持良好的互動關係。

3月21日俄羅斯總統普京抵達北京，這場會晤是國家主席胡錦濤在不到一年的時間裡與普京的第五次會晤，這種頻繁的會晤發生在世界強國中國和俄羅斯之間具有非常不尋常的意義。

從正面來講，這表明兩國的關係正在向實質性的國家戰略夥伴關係邁進，雙方面在政治和軍事合作的可能性正在提升。但從另外一個方面來講，普京的前幾次訪問和胡錦濤主席到俄羅斯的

俄總統普京參觀嵩山少林寺並觀看武僧表演

參訪在能源方面並沒有太多的實質成果，其中核心問題就是俄羅斯是否要把西伯利亞的石油輸送到中國的大慶。現在看來普京還

---

[16] 本文發表於《大公報》2006年3月24日

在謹慎評估與中國的進一步交往是否會使俄羅斯國家利益最大化，而俄羅斯國家利益最大化的核心就是要逐步加強保持控制石油、天然氣價格的能力，這需要俄羅斯與兩個大客戶歐洲國家和中國保持良好的互動關係，另外俄羅斯還要在北約東擴和「顏色革命」中爭取主動權。

中俄交往方式迥異

這兩個願望從根本上而言是無法同步達到的兩個目的，因為歐洲是俄羅斯石油、天然氣的最大客戶和外匯的主要來源國，但北約東擴是西歐國家為保證自身安全的必要選擇，歐洲希望俄羅斯最好成為一個保證能源供應的弱國。最後，在俄羅斯政府看來中國在這兩方面是完全能夠與俄羅斯合作的國家，但中俄兩國唯一存在的問題是，如果兩國建設好了石油管道後的戰略意義為何？

俄羅斯與歐洲國家建設的石油與天然氣管道是在前蘇聯就已經建好的，這主要是當時蘇聯為了賺取外匯而建的。這些管道現今是驅動俄羅斯經濟發展的主要動力。那麼，中俄之間的管道是否有同樣的意義呢？俄羅斯方面當然不希望是這樣，因為俄羅斯與中國基本上是平等的戰略夥伴關係，俄羅斯當然希望在建成管道之後，雙方面在更多的領域取得合作和利益。據筆者的長期觀察，俄羅斯人比較擅長和注重戰略問題，就是長期的合作，如不成，這個龐然大物可以無限期等待，而中國人在外交上更加看中戰術問題。如果我們對此不能夠完全理解的話，雙方的交流就會經常回到原點。

　　我們就以兩國最看中的石油管道問題來講，中國希望俄羅斯能夠將石油管道引向中國，中國方面認為現在石油價格高漲，並且現在中國已經成為世界上石油消費的第二大國，中國方面一定認為既然中俄兩國已經成為戰略夥伴關係，那麼，俄羅斯應該將石油管道建設到中國，而不是日本。

普京抱起 8 歲小和尚合影

俄缺少與中國交往人才

　　總體而言，日本畢竟是依附在美國的羽翼之下，況且中國方面一定按照國家價格付給俄羅斯方面外匯，從戰術方面來講俄羅斯方面應該沒有任何損失。這在俄羅斯人眼中情況卻並非如此，首先石油在俄羅斯外交人士的眼中它不全然是換取外匯的工具，石油是戰略資源，是俄羅斯的外交工具。那麼，俄羅斯方面希望通過中俄兩國石油的輸送達到兩國在其他方面的合作，比如加強在水利建設方面、電力建設方面的合作，因為俄羅斯這方面的技

術力量非常強，而且俄羅斯在這方面的建設已經處於飽和狀態，這些構想對於俄羅斯外交人來講是非常理想的，但中俄兩國在武器買賣的過程當中，俄羅斯方面給予中國的不良印象確歷歷在目。比如，俄羅斯方面如果在賣給中國比較先進的武器時比較慷慨的話，那就一定會在零件的供給上產生掣肘問題。試想中國如果把這些建設的部分工程交給俄羅斯方面，如果俄羅斯工程單位元不能夠按時完成的話，屆時這是外交問題呢，還只是簡單的經濟問題？並且俄羅斯方面的技術在世界上普遍不處於領先地位，而且俄羅斯的技術和設備與世界其他國家的系統是不相容的，其投資危險程度要遠高於歐美國家。

可以看出中國在戰術上是無論如何與俄羅斯的合作限制在能源方面，俄羅斯戰略前景確是很難在兩國領導人簽署的條約中體現出來，這是一種本質上的問題。問題的解決必須要熟悉兩國國情的官員走上政府主要的部門。在中國方面，現在還有部分原來留蘇的精英在政府部門，但這些精英的決策長期處於兩國關係緊張狀態的情況下，他們並不能夠發揮出自己的特長，而且創造性不足是最大的問題。那麼，在俄羅斯方面則更糟，俄羅斯政府部門中熟悉中國事務的高層官員幾乎沒有。筆者認為，現在熟悉中國事務的最高俄羅斯官員應該是俄羅斯駐中國使館的大使，俄羅斯政府應該讓更多的中國通走上重要崗位，不要很多到中國參訪的官員都只是知道品嘗中國菜餚，而且對於中國的印象都只停留在菜餚和京劇部分。

兩國結盟可能性低

　　兩國的關係如果邁向實質性的結盟關係，現在看來仍然是不可能的。這主要是兩國的自主性非常強，在意識形態的組成上不盡相同，中國比較偏重於安撫和協調區域同步發展，使得國家部分地區在經濟的發展中取得平衡的優勢，而俄羅斯就比較傾向於精英政治的運作與協商。俄羅斯的政治家只要掌握莫斯科、聖彼得堡和新西伯利亞三個城市，那就表示它已掌握全國。比如，列寧在十月革命之後，只是掌握了俄羅斯當時的首都聖彼得堡，蘇聯的建立也是在十幾年後逐漸形成的。這樣兩國在交往中的模式非常值得探討。

　　現在中俄兩國的交往模式應該是最高層的直接交往，但非常值得關注的是兩國的媒體交往並不頻繁，兩國媒體的領導人參訪的次數並不多，而且兩國媒體在報導中誤差偏大。比如，在對待俄羅斯總統普京的態度上，中國媒體採用的方式是完全的吹捧，近兩年筆者在看遍中國所有的媒體關於普京的報導中，對於普京的批評幾乎沒有。但在俄羅斯媒體當中，專門批評普京的報紙就有《生意人報》，立場中立的有《獨立報》，對普京肯定的有《消息報》、《先鋒真理報》等，因為在俄羅斯人眼中，普京是俄羅斯政治和經濟發展中的功臣，但他應該在兩屆任期滿之後，順利下臺的政治人物，俄羅斯政治應該在普京的領導下順利完成民主化進程。普京是一個有血有肉的領導人，他距離我們並不遠。

普京的理想媒體角色：諫臣[17]

　　俄羅斯媒體與國家資本的關係經常成為媒體研究者和新聞界關注的問題。在西方傳播理論中，援引政治經濟學的概念來解釋政權對媒介的操控，以「國家資本主義」（state capitalism）與「國家統合主義」（state corporatism）對外圍世界如何看待俄羅斯與中國問題仍具有影響力。但這兩項理論的問題就是過於用過去冷戰的對抗思維去解讀俄羅斯媒體的脈絡。

國家媒體需解決資金來源

　　上世紀九十年代是俄羅斯媒體資本運作的時期，國外資本介入電視、廣播、報紙、出版以及各種非政府組織。2000 年以後，在俄羅斯政府起訴媒體寡頭之後，國家資本進入媒體，取代寡頭的商業資本，國外資本只能在非政府組織與出版業運作。與此同時，過去政府官員也在非政府組織中擔任要職，熟悉政府運作，在西方與普京政府之間扮演著一種協調的角色。因此非政府組織經常在俄羅斯與西方國家之間起著與媒體具有相同的協調溝通的功能。俄羅斯現在已經不是「媒體集團化」的問題，「媒體集團化」進程在普京上任的第一屆任期內已經結束了。俄羅斯媒體已經進入蟄伏狀態，媒體與國家政府保持一個互動良好的狀態。而

---

[17] 本文發表於《大公報》2006 年 3 月 28 日

未來俄羅斯媒體比較明顯要解決的問題之一，就是在國家媒體如何在過渡到公共服務制過程中資金來源的問題。媒體「國家化」進程中國營能源企業資金注入銀行寡頭的媒體，下一步俄羅斯媒體的改革必須會是與經濟改革結合在一起的，俄羅斯經濟結構勢必先要從能源型經濟結構走向全面正常化的經濟結構之後，才能進行媒體公共服務制的改革。

俄羅斯國有媒體可以歸為三種所有權的形式：「國家全權所有的國家媒體」，其資金主要來自於政府編列的預算；「國家部分所有的國有媒體」，國家政府機關與民間共同持股，而國家政府佔有 51%以上的股權；「國營能源企業所有的國營媒體」。商業媒體在「國家化」進程中被國營能源企業併購，國營能源有自己的媒體委員會負責旗下媒體的管理與經營。俄羅斯媒體當中唯一由預算編列的國有媒體在俄國一般稱作「國家媒體」（national or state media），國家媒體在廣播電視領域主要指的是中央聯邦級別的全俄羅斯廣播電視公司集團，俄羅斯八十九個聯邦主體當中九成以上都有該電視公司的分支機構，也就是地方的國家廣播電視公司，全俄羅斯廣播電視公司集團旗下有俄羅斯國家電視台、俄羅斯文化電視台、俄羅斯體育電視台，以及俄羅斯電台與燈塔電台；俄羅斯中央通訊社就是伊塔－塔斯社，中央政府機關報紙是《俄羅斯報》。

國家資本的三種形式

國家部分所有的國有媒體，例如第一電視台，第一電視台的前身是蘇聯的中央電視台奧斯坦基諾電視台。蘇聯解體之後，奧

斯坦基諾逐漸發展成為一個獨立的技術中心，專門負責向全俄地區的發射工作。第一電視台在 1993 年與 1995 年分別進行股份化與重組工作，更名為社會電視台，俄語發音都是 ORT，金融寡頭別列佐夫斯基在 2002 年以前是該電視台最有影響力的個人股東，第一電視台百分之五十以上的股份掌握在政府各個機關與國營企業手中。由於普京不認為社會電視台的名稱與電視台的性質相符合，2002 年遂將其更名為第一（頻道）電視台，這是以該電視台一直處於第一頻道的位置來命名的。第三個部分是國營的國有電視台，例如前身是寡頭古辛私基「橋媒體」所有的獨立電視台以及別列佐夫斯基羅戈瓦斯汽車集團公司所控股的第六電視台，後者經營的頻道後來被收歸國有再重新分配給俄羅斯體育電視台。第一電視台、獨立電視台和已經消失的第六電視台都是普京在媒體「國家化」進程中以國營能源資金注入的媒體。普京 2003年在哥倫比亞大學演講時提到，媒體不能為兩三個錢袋子所有。在普京對媒體改革的總體設想中，媒體不能單從營利的角度看待，媒體若是由商業資本控制，那麼媒體必定會以商業目的為優先考量，媒體就會喪失它的社會穩定功能，因此媒體必須由國家所有，國家要負責出資給媒體，媒體就必須為國家與社會利益的大前提著想，國家必須成為社會利益的調控者。因此，普京在任內全面發展全俄羅斯國家廣播電視公司，由國家編列預算支持該集團資金運作，公司的管理與經營則由專業媒體人負責。由於商業媒體重視有效發行與收視份額，在偏遠地區就無法達到中央媒體的影響力。在俄羅斯還處於軍事強大但是經濟實力薄弱的階段，普京對媒體的改革並不是讓媒體以資本方式做大做強，這不

是媒體的目的。如果單從資本運作看待媒體運行，那麼媒體就容易被西方強大的資本介入，媒體若由資本家控制，媒體就會成為資本家的喉舌，為維護資本利益而說話。俄羅斯的威權管理似乎很難在走向強國過程中消失，英國《金融時報》記者 Andrew Jack 稱之為「自由的威權主義」（Liberal authoritarianism）。

國家資本取代商業資本

歸根結底，當俄羅斯國家社會還沒有完全穩定時，許多問題必須由國家政府出面而非資本家來解決，這時國家需要媒體協助政府找出問題，告訴政府還有哪些問題需要注意，其角色相當於諫臣，而媒體不應是以炒作的手法刺激人們的感官情緒，因此商業媒體絕對不是普京恢復國力的理想媒體。如果單從西方角度看待俄媒體是為鞏固普京政權而服務，那就太小看普京的政治眼光與實力了！不論從列寧或史達林再到普京，媒體絕對是俄羅斯成為世界強國的工具，媒體不會是在體制外掣肘政府的，這不符合俄羅斯的傳統。普京說

俄羅斯媒體

過，媒體不能袖手旁觀。媒體的機關屬性就是俄政權每次經過大的變動時，例如 1917 年十月革命前後和 1991 年蘇聯解體後進入轉型時期，俄羅斯媒體最終勢必要回歸到中央媒體獨大的位置上

來，這就是媒體仍會在列寧工具論之下發揮作用。但是俄國媒體不再是明文由黨來控制，俄政府也不能像蘇聯時代介入媒體過多，媒體要由專業媒體人管理，記者必須按照新聞規律的專業角度來進行採訪寫作，新聞不能有過多的預設立場或是先行定調，這樣俄羅斯媒體仍是俄羅斯社會的獨特階層。九十年代新聞是媒體寡頭與政權交換政治利益的籌碼時代已經過去，媒體不會成為商業資本運作的場所，因為媒體不但是政府機關的一部分，還是企業化經營與管理的實體，但是它的目的不在於資本的增長，而在於協助國家進行公民社會的建構。

俄媒體為何背離全球化[18]

　　俄羅斯並不急於加入全球化的體系當中，原因有二：第一是俄羅斯輸出的是軍火武器和石油天然氣等能源，這些軍工產品俄羅斯有絕對的優勢和決定權，俄羅斯並不需要利用全球化來達到它的利益獲取。第二，包括廣播電視的數位化技術，俄羅斯有自己經濟與產業政策側重點。

　　當世界各國政府都在為因應全球化浪潮所帶來的榮景或衝擊做好準備時，俄羅斯政府卻在媒體改革上選擇了一條較為孤立的道路，在俄羅斯學界有將俄政府的行為稱為「民主的保守主義」或「俄羅斯新保守主義」。全球化下的媒體角色有兩個關鍵支柱，就是文化與產業，一方面，媒體是推動文化的載具，具有宏揚文化的功能與責任，其從事的是一種文化事業；而另一方面，媒體本身也生產文化產品的企業組織，必須有效經營管理來達到營利，以維持媒體本身的運作。結合來看，媒體與文化產業密不可分。

　　文化產業屬於國際服務貿易領域，內容牽涉知識產權相關的文化產品，包括印刷品、文學作品、音樂、視覺藝術、電影、圖片、廣播、電視、遊戲以及體育產品。從 1980 年到 1998 年，每年文化產品的世界貿易額由 953 億美元激增到了 3879 億美元。然而，國際間文化貿易的發展並不平衡，主要是集中在少數發達國

---

[18] 本文發表於《大公報》2006 年 5 月 18 日

家之間進行。不論是技術與內容，美國都是全世界的最大輸出國，在文化產業的國際貿易活動中佔最大宗，所以美國要竭力保護知識產權與技術專利，對任何侵權者實施貿易制裁的懲罰手段。那麼，俄羅斯媒體在全球化的浪潮之下扮演什麼樣的角色？事實上，俄羅斯媒體並沒有為迎接全球化做好準備，原因基本上在於文化的隔閡和產業的差異。

文化自成體系

俄羅斯是饒富文化藝術的大國，俄羅斯的文學、音樂、芭蕾都在近三百年當中在全世界產生了巨大的影響。在與世界各國的交流當中，俄羅斯總是希望融入西歐國家當中，成為歐洲國家的成員。在俄羅斯年輕人當中，法語成為他們最喜歡學的外語，其次是西班牙語和德語，然後才是英語。試想若是美國大量的電影與流行歌曲進入俄羅斯的電視與廣播媒體當中，那對俄羅斯年輕人會有什麼影響？首先俄羅斯人本身要喜歡美式的表演風格與生活態度，但這恰恰是俄羅斯年輕人不能完全適應的。俄羅斯人喜歡有深刻的語言對白，重視演員的的演技，這些都是美國電影在大量科技的運用之下可以不重視的部分。再者，如果年輕人要從電影中學習美式的生活，他們會發現在俄羅斯是很不適應的，因為彼此的生活環境是很不相同的。在俄羅斯年輕人並不被鼓吹要消費任何流行的科技產品去進行娛樂活動，這一點我們可以從電視節目當中發現沒有這些奢侈品的消費廣告以及為銷售此類產品製作的節目看出來，再加上俄羅斯的經濟水準並不如美國，年輕人並不會花太多的錢去購買或經常更新這些消費性的產品，例如汽車、電腦或手機等等。

軍工業有優勢

　　如果俄羅斯年輕人都崇尚美式文化的話，這勢必對俄羅斯文化的保存與宏揚構成一種打擊，若是年輕人都不重視本國傳統文化的宏揚與維護的話，那麼俄羅斯文化將會走向滅亡的道路。此外，國內的老人與年輕人一定產生文化代溝與認識隔閡，這些溝通障礙或是知識鴻溝的衝突與落差，對於社會的和諧與穩定發展是非常不利的，對於培養一個民族的自豪感而言將會帶來負面的衝擊。現在俄羅斯的知識界與精英階層都不樂見美國文化取代本國的文化的趨勢產生，他們認為文化的滅亡等同一個國族的滅亡！因此，俄羅斯政府藉由控制傳播體系，用來避免美國文化藉由媒介渠道侵蝕俄羅斯的文化。當然媒體經營者與政府對此是保持對立的立場。這才會有普京嚴格控制廣播電視的管理體制而放鬆報紙多元自由發展的兩手策略。

　　俄羅斯本身是武器生產與航太科技的大國，但由於這些是屬於軍工產業，俄羅斯並沒有轉為民間用途，因此，這些技術短期之內並不會對民眾生活便捷化與舒適化產生什麼直接的影響。由於俄羅斯能源豐富，這也註定俄羅斯走上重工業的道路上來，這讓俄羅斯總是在世界經濟體系之外建立一套獨立的運作系統。因此，在其他國家或地區倡導的科技生活化或是多媒體的互動性並沒有在俄羅斯產生巨大的社會反響。難道俄羅斯年輕人不喜歡現代化的傳播模式嗎？事實上，我們會發現，其實並不是俄羅斯人不喜歡現代化的傳播工具，而是政府在這方面並沒有投入大量的資金與計劃來發展與此相關的電訊產業。俄羅斯媒介若是要便捷化就必須配合產業技術的發展，這一部分因為俄羅斯在上世紀九十年代葉利欽執政時期，整個經濟發展還停留在原始的掠奪階

段，控制國家經濟命脈的寡頭都在忙著輸出資金與賤賣國家企業的設備和能源，並且忙著防堵俄共再度執政而進行的各種政治鬥爭，這些都使得俄羅斯並沒有為全球化做好準備。

蘇聯解體之後，葉利欽總統試圖想改變俄羅斯的經濟結構，然後國企私有化的結果卻是造成俄羅斯金融工業寡頭的形成，他們在私有化過程中成為國有企業私有化的受益者。這些政治經濟界的精英在葉利欽執政的第二任期開始形成寡頭經濟的體系，這些寡頭們的勢力涉及媒體，媒體是他們參與政治的工具，1996 年6 月總統大選前夕，當時的總統葉利欽的民意支持度最低到一個百分點，而俄共領袖久加諾夫仰仗俄共國會第一大黨的勢力，士氣如日中天。當時葉利欽尋求這些媒體寡頭們的支持進行電視競選宣傳活動，包括選前三天大量播放史大林肅反的紀錄影片，攻擊俄共的極權形象，這些都勾起人們對過去不愉快的一種痛苦回憶與憎恨情感，另一方葉利欽在鏡頭前被競選幕僚設計成為一個能夠與民眾跳傳統舞蹈和能夠與年輕人大跳計程車高的健康可親的總統。葉利欽連任之後立刻進行了心臟搭橋的手術。

媒體國家化

那麼俄羅斯是否希望加入全球化的體系當中呢？事實上，筆者觀察到俄羅斯並不急於加入全球化的體系當中，原因有二：第一是俄羅斯的文化產業與技術產業並不輸出，輸出的是軍火武器和石油天然氣等能源，這些軍工產品俄羅斯有絕對的優勢和決定權，俄羅斯並不需要利用全球化來達到它的利益獲取。中國、伊朗、朝鮮、埃及和印度等國家都是屬於文化語言獨特和政治宗教自成體系的古老國家，與美國當代流行文化產生了一定的衝突。

　　第二，對於美國輸出的資訊產業，俄羅斯目前採取寧可不接受的方式，包括廣播電視的數位化技術，俄羅斯都是採取歐洲規格。俄羅斯與中國都有自己經濟與產業政策側重點。

　　目前俄羅斯在能源價格攀高的情況之下，利用國家資本推動完成廣電媒體的數位化進程，但是由於俄羅斯幅員遼闊，數位化進程在俄羅斯並不會產生如其他國家聲稱的各種好處，因為從文化隔閡與產業差異的因素，都使得俄羅斯不會鼓吹這方面的議題，然而這使得俄羅斯又走上孤立於世界的老路。但是由於俄羅斯資源豐富，使得俄羅斯可以為了國家利益採取不妥協的態度，這一點使得西方國家對於俄羅斯的再度崛起感到非常警惕與擔憂。

上合是否應向能源轉型[19]

到 2006 年 6 月為止，上海合作組織已經成立五周年，在上海合作組織進入成熟期之後，是否上合的功能需要做出適當的調整呢？上合是否可以成為反恐和能源開發、供應一體的地區組織呢？這次參加上合會議不但有五國的元首，而且印度石油和天然氣部長德奧拉、伊朗總統內賈德、蒙古總統恩赫巴亞爾、巴基斯坦總統穆沙拉夫都作為觀察員國高級代表與會，

另外阿富汗總統卡爾紥伊出席會議並發言。這次參加會議的國家中以出口能源為國家發展基礎的國家就有三個：俄羅斯、哈薩克斯坦、伊朗，這三個能源大國，再加上中國這個能源的需求大國，這使得很多的美國媒體開始擔心上合組織的功能是否已經開始轉向，儘管美國布魯金斯的研究員表示現在美國還沒有這樣的擔心，但如果上合成為能源供需為主要任務的組織的話，這非常可能引起美國和北約的反制，並嚴重影響中國的和平崛起。

---

[19] 本文發表於《大公報》2006 年 6 月 28 日

上海合作組織會徽，上海合作組織（俄文：Шанхайская Организация
Сотрудничества, 英文：the Shanghai Cooperation Organization）於 2001
年 6 月 15 日在上海成立。成員國為中國、俄羅斯、哈薩克斯坦、吉爾
吉斯斯坦、塔吉克斯坦和烏茲別克斯坦。六國總面積超過 3000 萬平方
公里，占歐亞大陸的五分之三；人口近 15 億，占世界人口的四分之一。
2005 年，六國國內生產總值之和超過 3 萬億美元。上海合作組織秘書
處設在北京。工作語言為漢語和俄語。

上海合作組織六國領導人觀摩聯合軍演

俄羅斯媒體異常興奮

這次上合組織在上海召開，俄羅斯媒體在新聞報導當中表現的異常興奮，這其中代表右派觀點的《獨立報》就發表題為「非常正面的會面」的新聞評論，文章認為俄羅斯似乎在上合組織中找到了自己對外交往中的方式，俄羅斯似乎應該在上合組織的框架內和伊朗在能源上進行合作，因為如果俄羅斯單獨在外交方面支持伊朗的話，必然會引起歐洲和美國的反彈。評論說，上海合作組織成員之間還加強了經濟領域的合作，成員間的經貿額逐年增加，現在俄羅斯最大的石油天然氣工業公司是否可以在供應中國能源的同時，做為中國和伊朗石油、天然氣輸出的中間商，這種可能性是普京總統府正在推動的一項政策。過去五年，上海合作組織成員間的合作取得了積極成果，本次峰會也取得了巨大成果，上海合作組織已成為一個區域內多方控管非常有效的機制，在地區及全球政治生活中發揮著越來越重要的作用。越共中央機關報《人民報》17 日發表評論指出，剛剛在中國上海結束的上海合作組織峰會取得了許多積極的成果，引起了本地區及國際輿論的廣泛關注。

2006 年 6 月 14 日，參加 2006 年上海合作組織峰會的俄羅斯總統普京與哈薩克斯坦總統納札爾巴耶夫乘船遊覽黃浦江，欣賞上海夜景和焰火。

上合組織已經度過了其最艱難的發展期，已經在區域反恐方面取得了飛躍式的進展，但上合的發展是否要像北約一樣成為一個軍事組織，還是像聯合國一樣大而全呢？在這裡我們必須注意一點就是，上海合作組織的成員國和觀察員國最大的特點是除了中國和印度外，其他國家基本上都不是全球化的受益者。在俄羅斯有一部分官員甚至公開反對俄羅斯進入全球化的進程，這些官員的理由就是：俄羅斯做為一個能源大國和軍事大國，現在俄羅斯能源的輸出主要是為了爭取更多的外匯，但在這四年間，俄羅斯石油和能源的出口已經為國家掙到了足夠的外匯，另外俄羅斯軍事技術在更新方面，並不能夠從西方爭取到足夠的相關技術，這主要是俄羅斯軍工企業的革新和發展有其自身的特色，俄羅斯軍工設備的規格與西方完全不一樣，而且設備使用的電腦也完全不相容，這樣俄羅斯出口的軍事產品的研發和生產的成本非常大，而且現在使用俄羅斯軍工產品的國家並不是非常的多，那麼，俄羅斯經濟發展完全可以自成一體。

2006 年 6 月 15 日，上海合作組織成員國在上海國際會議中心簽署了《上海合作組織五周年宣言》等 10 份檔，涉及資訊安全、反恐、教育、經貿和金融合作等領域。

那麼實事上是否如此呢？據筆者觀察，這些俄羅斯高級官員和學者在研究問題上思想過於狹窄，其研究往往把事實和戰略發展看的過重，對於俄羅斯的軟環境的認知是非常少或者非常不願意去關注的。儘管俄羅斯官員在陳述俄羅斯與全球化的關係時非常透徹，但俄羅

2006 年 6 月 14 日，參加 2006 年上海合作組織峰會的俄羅斯總統普京，乘船遊覽黃浦江，欣賞上海夜景和焰火。

斯在經濟發展中的軟環境是否就不重要呢？俄羅斯在金融、服務業等相關產業的發展是非常不均衡的，儘管俄羅斯金融寡頭神通廣大是眾所周知的事實，但在俄羅斯的外貿活動中卻普遍沒有使用信用證的習慣，全球化還是會使俄羅斯經濟長遠發展，儘管這樣的利益並不是立竿見影馬上見到的。

對此中國方面是有這樣的預防的。2004 年 2 月 26 日張德廣秘書長就曾約會見由美前助理國防部長克雷默率領的美國大西洋理事會代表團。同年 3 月 16 日下午，張德廣在秘書處應約會見了來華訪問的歐盟理事會秘書長、歐盟共同外交與安全政策代表索拉納的代表團。在會見中張德廣強調打擊恐怖主義、分裂主義、極端主義的威脅和非法販運毒品，仍是本組織的優先工作。這些威脅的規模和尖銳性有增無減。繼續在成員國境內舉行包括有防務部門參加的不同形式的聯合反恐演習，對提高成員國聯合反恐行動的效率是有益的。

美利益和民主相矛盾

美國在建國近三百年的發展當中，近二十年美國迅速成為世界各國的獨霸，我們在很多時候都認為美國在與各個國家交往當中始終存在國家利益和推廣民主化進程相互交織進行。準確的講在冷戰期間，美國國家利益和民主進程是相互統一，但在冷戰之後，美國的布希主義出線，而布希主義存在的核心就是國家利益，美國民主黨一直在國會中試圖把民主發展拉回國家政策當中，但直到現在這種努力似乎沒有任何的結果。

中國在自身的國家發展當中，現在正處於非常微妙的時期，中國的發展同美國的國家利益和民主也有吻合和矛盾的時候。中國在加入 WTO 之後，逐漸開放自身的內需市場，比如在美國已經逐漸式微的別克汽車廠，現在中國似乎又找到了新的舞臺，但中國經濟的快速發展而引起對於能源的大量需求，中國尋求能源的手段使得美國在能源的分配霸主的地位受到前所未有的挑戰，如果中國憑借自己的地域優勢在周邊國家尋找能源的話，這又會觸及美國的反恐戰略意義。如果美國的國家政策再次回到民主化進程中，這會給中國一個逐漸選擇的機會，畢竟中國現在親民政策和選舉的逐漸實施，這樣美國和中國之間就建立了對話的基礎，但美國似乎對於這些視而不見。但如果上合組織現在就向能源方向發展的話，這並不利於中國的和平崛起，因為美國為此帶來的麻煩，要遠大於得到能源的便利。

俄五種現象說明什麼？ [20]

現象一：莫斯科街道上清一色都是俄文，沒有英文，這是因為莫斯科曾是世界的中心，那為何還要寫英文？現象二：大街上講英語的人很少。現象三：大街上員警胖子居多，這純屬工作傷害，不是腐敗象徵。現象四：大街上跑的常是質量比較差的拉達車，這是工具，不是身份象徵。現象五：俄羅斯官員的腐敗情況不是那麼嚴重。

在中俄「俄羅斯年」已經蓬勃展開之際，很多的中國大陸官員、媒體人、學者都開始將注意力轉向俄羅斯，並開始到莫斯科實地考察。這股風氣連帶還影響了對岸台灣。最近在媒體上看到包括大陸媒體人、台灣老媒體人，都開始到莫斯科實地旅遊、訪問，並把文章發表。總體來看，這些文章加入了自普京任總統以來，俄羅斯發生的新變化，但其中的誤解和認知的偏差則隨處可見。

---

[20] 本文發表於《大公報》2006 年 10 月 23 日

莫斯科是政治化城市

我們先從生活入手，可能香港讀者最容易理解。每一位到莫斯科的旅客都會抱怨莫斯科機場海關的速度，過關慢，沒有效率，而且有時候旅客還有被帶到小黑屋裡被問話的經驗，到訪旅客的那種不愉悅心情可想而知。其實這與蘇聯時期的發展有關。

兩名俄羅斯員警在莫斯科紅場附近警戒閱兵式使用的軍事裝備。

大家不要忘記，在上個世紀全世界有兩個中心，一個是華盛頓，令一個是莫斯科，儘管蘇聯解體，但人的思維是不會馬上改變的。

全副武裝的俄羅斯員警－1

全副武裝的俄羅斯員警－2

莫斯科不是以旅遊為主的城市（莫斯科是政治化城市）。莫斯科在進行建設時，旅遊並不是莫斯科發展的重點，很多建設並

不是為旅遊而準備的，儘管政府已經開始強調旅遊收入的重要性，但直到現在這種心態還沒有改變。在機場通關慢是對外國遊客而言的，比如，外國遊客有一個到兩個通關口，對於本國的公民，海關直接有兩個通關口或更多，看需要可以更多，保證快速，而且當本國人過關後馬上關閉。因此為了通關快速，筆者經常持博士證和俄羅斯人一起通關，這樣通關常常異常快速。就是這張紅色博士證，筆者在留學期間，經常到博物館參觀，乘坐地鐵都是免費的，因為俄羅斯認為博士生到這些地方都是做研究用的，但外國遊客到博物館參觀一般都要 20-80 美元。

官員與學者互相尊重

現象一：莫斯科街道上清一色都是俄文，沒有英文，這是因為莫斯科曾是世界的中心，那為何還要寫英文？請問華盛頓大街上有法文或者其他國家的文字嗎？現象二：大街上講英語的人很少。俄羅斯是一個以學習拉丁文、德文、法文為主的國家，英語不是主要語言，筆者的導師會七國語言，唯獨英語水平最差。現象三：大街上員警胖子居多。這純屬工作傷害，常年在 20 攝氏度以下工作，自身熱量需求也大，養成胖子也就不足為奇。再看莫斯科政府大官，胖子很少。胖子不是腐敗的象徵，是可憐。現象四：大街上跑的常是質量比較差的拉達車。這種車才 1500－2500 美元一輛，而且一到週末，很多俄羅斯人清晨就在樓下把車大卸八塊檢查，晚上就組裝好了，這車成為入門工具，不是身份象徵。現象五：俄羅斯官員的腐敗情況不是那麼嚴重。筆者辦事從來就只有準備一盒俄製巧克力就行，8 年一向如此。丘拜斯在 1995 年

因多收了 4 萬美元稿費而辭去副總理職務，這才真正令人吃驚。沒深入過俄羅斯生活的媒體人應該深入地多看看。

在很多旅客或者學者的眼中，儘管蘇聯解體之後，俄羅斯進入民主化國家行列，但仍然認為俄羅斯屬於一個強權國家。但在莫斯科國立大學，教授和博士生之間不但可以在課堂上批評總統，而且在博士論文中可以直接對總統進行學術攻擊，比如筆者所在的學術科目中，不管是俄羅斯博士生，還是外國博士生都在社會傳播的框架之下對於俄羅斯政府管理的現狀進行批評，我們都知道這個框架被政府重點關照，但照寫不誤，並拿得博士證書。

莫斯科國立大學主樓

莫斯科紅場

　　為何俄羅斯可以保持學術的自由呢？其實道理很簡單，就是俄羅斯教育部和莫斯科國立大學是平行單位，莫斯科國立大學校長是部級的。也許這句話太「大陸語言」，香港讀者不太明白。簡而言之，就是俄羅斯教育部負責教育的行政事務，莫斯科國立大學負責學術。比如莫斯科或者其他城市的大學要設立新聞系，這樣要莫大的學術組進行學術上的認可，然後教育部再進行行政評估，如果莫大不認可的話，那這個方案就會胎死腹中了。教授的權力可想而知。但筆者感覺，自沙皇俄國、蘇聯和俄羅斯聯邦以來，在政府的高工資下，學術就已比較獨立。比如在蘇聯時期，教授的工資就有 3000-4000 盧布，那時 1 個盧布換 1 個美元，莫

大新聞系系主任棨蘇爾斯基就經常到新聞系對面的總統府與普京總統商量國家政策，但這並沒有增加這位老教授的傲氣，反倒我們經常當面稱他是一個到 76 歲永不退休的老爺子，他平常見我們也是異常和藹。回想筆者在碩士答辯後，他遠從法國帶來的葡萄酒給我們和導師祝賀。這些教授基本上都保持自己的學術權威，而極少學術腐敗，他們在學術上非常有苦行僧的味道，以苦為樂。據筆者所知這些導師手中都握有大量的研究經費，但表現出來的卻像一個窮人，這其中以我們系主任最明顯，在外面都是別人請客，但我們跟他在一起時，則都是他請客。直到現在筆者也在這些導師的引導下「誤入歧途」，但也感到其中苦與樂，這是我們很多大陸學者和官員難以理解的。這樣我們就可理解莫大學者很少去拍官員的馬屁，而官員與學者基本上都是互相尊敬的。筆者在莫大時就經常有總統府秘書長或者外交部副部長等官員來講課，是一個學期的，一個月上兩次，決沒有遲到早退的教師。在莫大和官員交談聊天是常態，回到國內連有事見個局長都難。

埋怨政府卻愛普京

俄羅斯人非常喜歡埋怨政府，但這並不妨礙他們對於普京的喜愛，這種對於領導人的喜愛並不就意味著俄羅斯在施行強人政治，比如過半數的喜歡自己的國家領導人，那麼這個國家就是強人政權了嗎？不過強大的俄羅斯確實讓美國寢食難安。準確的講，普京所實行的國家政策只是在幫助俄羅斯人實現自己強國的願望，普京只是一個代理人而已。

筆者認為對於俄羅斯認知最清楚的國家是美國，而不是中國。因為美國國務卿一般都是研究蘇聯出身的，比如奧爾布賴特、賴斯等，中國媒體只要是涉及俄羅斯就會馬上聯想起上世紀五十年代，中國留學生在蘇聯的美好回憶，其實對於俄羅斯人而言，那是痛苦的回

莫斯科地鐵站

憶，因為兩國這樣友好，最後還在六十年代分道揚鑣。希望中國媒體在兩國交流間做點實際的工作。

　　寫些輕鬆一點的，希望大中華圈能夠多多瞭解俄羅斯，這是一個只要你能夠進入就會對它愛恨交織的國家。包括俄羅斯人在內，我們不要對它誤解了。

俄慎防爆發顏色革命[21]

　　去年美國國會決定投入四百萬美元發展俄羅斯政黨。俄政府認為這類資金將透過非政府組織進入境內，支持反對黨從事選舉競選活動及政治抗議活動，因此俄羅斯非政府組織法案明顯對美國此舉提出反制。

　　俄羅斯的英文報紙《莫斯科時報》最近以頭條新聞刊登了題為「七十七家非政府組織在俄羅斯被迫停止活動」的消息，俄羅斯是否限制公民活動與新聞自由再度成為話題。10 月 27 日將是在俄羅斯活動的非政府組織向俄司法部門提出申請的最後期限，一旦過了這一天，所有沒有註冊登記的非政府組織將會被視為非法活動，有可能面臨必須被勒令停止在俄羅斯的所有活動或是面臨組織資金被凍結的尷尬境地，這對在俄羅斯從事非政府組織活動者或是西方國家而言不能說不是一項巨大的壓力與打擊。因為媒體與非政府組織是西方影響俄政治運作的兩個關鍵渠道，自從普京執行媒體國家化行動與今年初非政府組織管理辦法正式公佈後，俄羅斯與西方國家之間的信任關係又進入了另一個低潮，這個矛盾將隨著決定後普京時代的俄羅斯總統大選的迫近而逐漸進入白熱化階段。

---

[21] 本文發表於《大公報》2006 年 11 月 9 日

反制美國政治操控

　　西方國家與國際性的人權組織對於普京政府的舉措都感到相當的不滿，因為從全球化與人權無國界的角度來看，非政府組織與商業媒體可以說是西方國家最有效快速地向俄羅斯輸入資金與人才的最關鍵的兩個渠道，一旦渠道受堵，俄羅斯又將變得不可捉摸和難以親近的國家，世界又將從美國主導的單極走向兩極甚至美俄歐中的多極化發展，屆時西方將更加恐懼這個超級軍事和能源大國。今年 1 月 10 日，俄羅斯總統普京簽署了國家杜馬提交的管理非政府組織法案。贊成法案的議員認為這將有利於俄羅斯對抗恐怖活動，避免恐怖組織利用非政府組織輸入資金在俄境內從事恐怖活動。許多觀察家相信這是繼格魯吉亞、烏克蘭和吉爾吉斯發生顏色革命之後，俄政府的一個防治舉措。根據人權與民主發展中心的數據顯示，在俄羅斯大約有超過四十萬個非政府組織進行活動。去年 11 月 18 日俄羅斯杜馬通過一千七百萬美元發展俄羅斯的公民組織，一般認為這是針對去年美國國會決定投入四百萬美元發展俄羅斯政黨的反制舉措。俄政府認為這類資金流向將會是透過非政府組織進入俄羅斯境內，進行支持反對黨從事選舉競選活動及政治抗議活動，因此俄羅斯非政府組織法案明顯是對美國此舉提出反制的作法。

俄羅斯媒體標誌

俄美缺乏共同語言

西方非政府組織的資金在俄羅斯進行政治運作經常有幾種走向：一是資金部分流向反對派政黨或政治人物的手中，支持他們進入國會與執政黨相抗衡；另一種取向就是支持俄羅斯學者的研究計劃，

論壇中的普京總統

研究成果將成為西方國家制定對俄政策的重要參考依據；另外資金還會提供俄羅斯新聞記者到西方國家進行培訓，西方國家藉著培養政治經濟或是媒體精英影響俄羅斯的政策決定，這些人才或是精英與記者返國之後一般都是比較親近西方國家，彼此之間有共同語言。俄羅斯管理非政府組織法案主要是防範第一種類型的活動，這樣一來，普京將能控制下屆總統大選的成敗，避免顏色革命在選舉時爆發。總體而言，關懷少數族群、性別歧視、疾病醫療等議題是促進美國移民社會和諧的長久議題；而關注多數福祉、國家整體國力與社會安全則是俄羅斯的重要議題，這個關注少數與多數兩者之間的意識形態分歧應如何找到共同語言與平衡基點恐怕是美俄彼此的共同課題。

寡頭媒體控制輿論

俄羅斯反對派政治人物的意見與親西方的精英、學者、記者的意見一般透過親西方的商業媒體成為公共意見的主流，擁有西方資金背景的商業電視台透過新聞節目議程設置與框架建構功

能，形成輿論然後影響俄羅斯民眾的思維，商業電視台在上世紀九十年代由於議題新鮮聳動曾經有最高的收視率，由於當時俄羅斯民眾對於政治議題普遍關心，但在民主轉型的初期他們普遍缺乏對新聞內容的免疫與識別能力，很容易受到影響而改變自己的政治取向，再加上民眾對自己的生活普遍感到不滿，很容易與反對派勢力結合成為推翻政府的力量。在葉利欽執政時代，即使民眾對他在九十年代初期經濟改革失敗感到不滿，但是西方國家由於自己存有瓦解俄國和害怕俄共勢力重新掌權的私心，在九一年政變後和九六年俄羅斯總統選舉時支持了葉利欽，通過有西方資金背景的獨立電視台全力支持葉利欽連任總統，與此同時葉利欽的私有化政策回饋寡頭的方式就是讓寡頭控制了俄羅斯能源與媒體等重要營利領域。俄羅斯寡頭的媒體控制了輿論，私有化的能源企業則滿足了西方國家發展工業所需的能源供應與能源價格。葉利欽選擇普京作為接班人對俄羅斯振興國力有利，但對於西方國家控制俄羅斯政治經濟支持西方國家經濟發展與削弱俄羅斯對西方國家的軍事威脅完全不利，最後葉利欽還是選擇了復興俄羅斯這條道路，普京可以說是葉利欽政治決定的結果，普京執政之後的任何的政治決定都與俄羅斯的國家利益有著密切的關聯性。這種疏離性對西方國家而言不得不承認是一項巨大的威脅。

流亡英國的寡頭別列佐夫斯基

普京政改有民意基礎

　　普京執政之後試圖回歸
到法律治國的方向上來，法
律機制的建立啟動了蘇聯解
體之後俄羅斯鬆散的政府機
關與組織紀律的復甦，以遏
制從政府機關內部開始的腐
化，尤其是聯邦安全機構的
重整與控制，這有利於普京
打擊恐怖活動與金融犯罪。

別列佐夫斯基與葉利欽

俄羅斯的金融工業寡頭已經慢慢地退出商業媒體與能源經營的領
域，他們或是逃到國外，如原橋媒體集團總裁古辛斯基與羅格瓦
斯集團總裁別列佐夫斯基，或是遭到監禁，如原尤克斯石油集團
總裁霍多爾科夫斯基。國營能源企業與國家化媒體成為俄羅斯國
家重建的主流實體，這樣一來，所有國外的投資者今後都要直接
與俄羅斯政府打交道，這大大提高了西方國家參與俄羅斯政治經
濟運作的困難度，一方面普京的改革增加了俄羅斯政府的權威與
威權；另一方面普京本人穩定居高的民意支持度鞏固了他在俄羅
斯境內建立中央集權管理的合法性，這一點使得西方國家的確越
來越難在意識形態方面建立與俄國對話的機制。

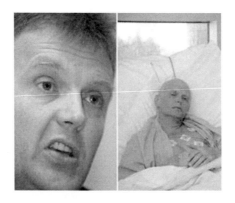

亞歷山大·瓦爾傑洛維奇·利特維年科（俄語：Александр Вальтерович Литвиненко；英語：Alexander Valterovich Litvinenko，1962 年 8 月 30 日[1][2]—2006 年 11 月 23 日），前蘇聯克格勃上校，原俄羅斯聯邦安全局中校，曾批評部門高層及受罰，2000 年離開俄羅斯前往英國，其後出版兩本批評普京政府的書籍，至 2006 年 10 月歸化英籍，疑因金屬釙中毒，已於 2006 年 11 月 23 日不治，事件引起國際注意，並為全球多家媒體所報導。

俄新聞陷無理論窘境[22]

　　俄羅斯需要重新建構自己的新聞理論，否則俄羅斯媒體人嘴裡講的幾乎都是美國語言，處理的卻都是自己的問題。

　　最近筆者在參加國內的一個國際會議中提出，俄羅斯新聞在發展的過程當中，現在陷入一種非常窘迫的困境，這就是俄羅斯無論在新聞教育中還是新聞具體操作中面臨新聞理論匱乏的狀態。最有意思的是當這個觀點提出後，與會的一位教授就提出：俄羅斯作為一個大國，竟然沒有新聞理論是非常可笑的。在這裡筆者想指出的是，中俄兩國間的隔閡可見一斑，中俄兩國的知識分子在交往中始終受到歷史對立的影響，這種情緒直接影響了中國對於俄羅斯的直接判斷。譬如現在俄羅斯新聞發展中儘管沒有一個清晰的理論，但已經於 1992 年在杜馬（議會的俄文說法）通過了《傳媒法》，並在 2001 年進行了修正。直到現在中國方面還沒有為傳媒立法的意思。據中國一位大學教授

蘇聯 1953 年批量生產的先鋒牌電視，Авангард-ТЛ1

---

[22] 本文發表於《大公報》2006 年 12 月 4 日

講，其原因主要是直到現在為止，媒體仍然是國家體制內進行政策宣傳的最廉價工具，如果國家政策要通過媒體外的任何手段進行宣傳，都會花費昂貴。

普京強國政策仍存遺憾

自蘇聯解體以來，原屬於意識形態最強大的國家，馬上被陷入意識形態的真空。直到現在，儘管普京總統在俄羅斯國家建設方面取得了巨大成功，但在國家整體的意識形態方面的建設卻政績平平，其根本原因就在於列寧在建黨前後對於報紙有著自己比較獨立的見解，馬克思在做報紙編輯的同時已經對媒體發展有了較為獨立的見解，而普京基本上把注意力集中在國家經濟和外交上，無法建立適應俄羅斯狀況的新聞傳播理論，這是俄羅斯未來發展中可能存在的最大障礙。其中最明顯的表現將會是在美國發動的顏色革命面前，俄羅斯人將不會統一自己的意見，儘管顏色革命在俄羅斯爆發成功的可能性較低，但它帶來的挑戰將會是空前的。

現在普京在非政府組織的運作方面展開了大量的防範措施。但說實話，這是捨本逐末的笨辦法，笨的方面主要在於普京對於媒體的本質認識不清楚。中國對於非政府組織的防範也屬於瞎緊張，因為黨的傳媒和政府的傳媒特色就是天然的屏障，中國的媒體人還沒有掌握與西方媒體對話的方式，譬如，有些中國的媒體人在國外就講中國媒體的管制等等，但筆者在哥倫比亞大學參訪時，有美國學生就提問：如果中國那麼缺乏自由，為何中美關係

在加強？為何中國的經濟還沒有倒退？按照這位學生的話，中國經濟早該倒退了。為何到美國旅遊的中國人越來越多？

美新聞自由讓媒體獲利儘管這位美國精英大學的學生提出的問題較為單純，但卻提出了問題的核心，那就是：中美在媒體交往當中地位平等，而中國的媒體人更應該瞭解自己的新聞理論和狀況，自由的批評中國並不能體現自己的專業性，因為這方面美國媒體人更是能手，中國媒體人的多元化角色和中國媒體人在未來可能對於人類文明做出的貢獻，更應該成為主題。中國在近百年的發展當中與自己的歷史相比，中國對於世界文明做出的貢獻是比較少的，而近百年蘇聯或者俄羅斯時期俄羅斯人對於人類的貢獻則較為突出。中國應該更多地反思在取得改革開放巨大成功之後，如何將此轉化為人類文明的一部分。

1992 年之後，俄羅斯媒體人和研究者則把更多的注意力集中在新聞法規的建設上來，俄羅斯政府最主要的目的是想在媒體內廣泛實現新聞自由或者有限的新聞自由，讓俄羅斯民眾和媒體人在短期內恢復自信心。老實說，這是俄羅斯一廂情願的具體表現，或者說俄羅斯上了美國的當，也可說是俄羅斯媒體人對於美國新聞發展進程不瞭解的表現。

美國在媒體發展的最初，報紙普遍由商人經營，而俄羅斯則是黨員或者文人。美國新聞自由最主要的目的就在於方便媒體獲得吸引觀眾眼球的新聞，不然媒體就有關門的危險。

寡頭成為國家亂源筆者在美國發現，在美國長期作為世界霸權的現狀之下，美國民眾對於電視或者報紙新聞並不是非常的熱衷，在晚上他們普遍喜歡收看電視秀或者電視劇。但在俄羅斯和中國，新聞則是受眾最關心的節目，這樣媒體人如何做出新聞選

擇則成為關鍵。在俄羅斯文人管理媒體最大的優勢就在於方便溝通，當媒體成為國家機器的一部分時，及時溝通就成為非常重要的選擇。為何這樣呢？讓我們來看職業經理人和政府的溝通情況，可以說在全球化的過程中，美國的職業經理人和政府的溝通是存在問題的，這樣很多的職業經理人進入政府工作，並為企業代言發聲。在中國則是讓這些經理人入黨，在黨內交流，而俄羅斯的寡頭在一定時期內則成為國家的亂源。

2007 年俄羅斯杜馬選舉結果

媒體發展要注重溝通

筆者在前一階段曾寫過《布希和陳水扁如何擾亂媒體的發展》的文章。在這裡筆者想指出的是：從另外一方面來講布希和陳水扁是對的，因為在「911」之後，美國的媒體發展並不能夠適應現在國家反恐的需求，美國媒體的改革是必須要進行的。但可惜的

是布希或者共和黨的智囊不是意識形態的高手，在這一點，美國可能還要落後於中國。陳水扁也發現台灣在自己的治理之下，人民和媒體陷入意識形態真空，大家都變得異常混亂，但陳水扁更有問題，連一個資產只有 30 億台幣的公共電視台的改革都不能夠進行到底，但陳水扁似乎已經意識到了台灣媒體已經到了需要改革的十字路口。

俄羅斯需要重新建構自己的新聞理論，否則俄羅斯媒體人嘴裡講的幾乎都是美國語言，處理的卻都是自己的問題。對於這一點俄羅斯政府似乎已經體察到，但問題是研究新聞理論的專家不是太老就是太年輕，這樣在中俄中國年的交流中，是否應加入兩國新聞理論專家的交流，否則兩國媒體人在研討會中，只能是雞同鴨講了。譬如，在研討會中，中國某大報的總編說，俄羅斯經濟發展的重要標誌是排隊現象大大減少。當場俄羅斯媒體總編們則認為，排隊是俄羅斯人文明表現，難道俄羅斯人都應像中國人一樣搶著上車嗎？話雖尖刻，但雙方的隔閡可見一斑。

俄羅斯反對派參加選舉

俄羅斯士兵參加投票

獨聯體飽嘗分裂苦果[23]

引起蘇聯解體的《重建與新思維》一書

在白嗣宏先生發表的《蘇聯毀於理想主義雙刃劍》的文章中，對於蘇聯時期的教條主義、理想主義、民族主義和新聞檢查等進行了徹底的探討，問題是白先生的文章不能夠解釋蘇聯和俄羅斯時期存在的基本現象和結構性問題。如果蘇聯人民生活困苦的話，那為何蘇聯老百姓家中幾乎每家都有小轎車，只是轎車質量不是很好，時常需要修理；每一家 30 歲以上的婦女，幾乎人手一件貂皮大衣；即使在 1992 年後，俄羅斯聯邦欠下大筆外債，但從幼兒園、小學、初中到高中還都和蘇聯時期一樣實行免費教育，而且在俄羅斯的外國人的孩子也享受免費教育。如果蘇聯人對於社會主義和共產主義那麼痛恨的話，蘇聯解體時，俄羅斯人應該大肆慶祝才對，但在紅場上，當蘇聯國旗降下時，紅場上無人關心。

---

[23] 本文發表於《大公報》2007 年 1 月 10 日

蘇聯解體不是「變天」

　　現在看來蘇聯的解體不是社會主義的重大挫折，也不是什麼變天的舉動，它只是老百姓在厭倦蘇聯的官僚主義和政治鬥爭後，當時的獨聯體國家領導人做出的錯誤決定，並且這些獨聯體國家正在品嘗因蘇聯分裂而造成的苦果。這包括：俄羅斯和白俄羅斯、烏克蘭之間的能源價格爭議、地區糾紛、毒品走私、恐怖活動、軍隊事故等重大問題。

　　最近在《大國崛起》的專題片中描述了包括美國、英國、法國和俄羅斯在國家崛起時的總體特徵。但電視片的製作人員在處理現代蘇聯狀況的人物採訪時出現了非常大的問題，那就是這些被採訪人，包括俄羅斯共產黨主席久加諾夫，都對蘇聯時期的官僚主義等現象做出非常尖銳的批評，但在該電視片的字幕中卻沒有原樣文字的反映，可以說受採訪人物的講話雖沒有張冠李戴，但基本沒有反映受採訪人的原貌。1999 年，筆者曾在俄羅斯杜馬裏參訪時與久加諾夫探討過該問題，當時他就對於蘇聯官僚主義表示了深惡痛絕，認為那是誤國殃民的行為。

官僚主義害苦百姓

　　蘇聯的官僚主義主要有兩個表現：一個是對於老百姓生活的冷漠，另一個是對於上級命令的盲目遵循，不會處理日常社會問題。蘇聯官員的官僚主義表現很多人認為那是這些人為了保住自己的既得利益，比如優越的生活等。其實以筆者的接觸來看，這些蘇聯官員包括現在的俄羅斯官員，也包含現在的總統普京在內，這些官員的生活與當時的狀況相比，其生活的奢侈程度都在

適度的範圍內。說蘇聯官員如何的奢華，那應該屬於西方媒體的炒作，因為包括戈爾巴喬夫在內很多官員退休後僅以退休費維持生活而已，蘇聯國家領導人直到解體前大部分還都住在國家為他們提供的單元房內。筆者就親眼見到蘇聯一個國有大型企業的黨書記，竟然在地鐵站裡要飯。

解體前的戈巴契夫

　　蘇聯這兩種官僚主義表現的根源在於布爾什維克黨在初期發展的過程當中，並沒有著力建設黨在群眾中的基礎，只是在十月革命後突然執政，之後馬上與沙皇軍隊展開祖國戰爭，在史達林時期忙於重工業的建設，赫魯曉夫時期則忙於經濟模式的轉型，儘管其改革並不成功，勃列日涅夫則重點在分享社會主義的建設成果，其本人在後期執政期間對於國家的危機意識認識不足。蘇聯在建黨及發展時期，在建立一批體察民情的官僚隊伍上常常措施有限，這使得蘇聯只顧抓經濟發展的大問題，對於民生問題則置若罔聞，最後終嘗苦果。

蘇聯官員嚴重官僚主義的作風讓老百姓整天忙於自己的日常生活，這使得蘇聯領導人宣稱的社會主義事業在老百姓面前變得沒有任何意義，而蘇聯的解體則是蘇聯官員的錯誤決定，這些蘇聯官員主要包

蘇聯解體後的民眾，不再相信媒體

括俄羅斯前總統葉利欽、烏克蘭前總統庫奇馬和哈薩克斯坦總統納紮爾巴耶夫。這些領導人在無法達成在蘇聯的框架內平衡權力的協議後，再加上他們對於西方的民主體制認識不足，使得他們簡單的認為如果蘇聯解體再加上共產黨垮臺，那麼，這些獨聯體國家對外在西方的援助下，對內可以以選舉為工具，建立領導人和地方官僚的合理統治核心後，獨聯體各國可以完成獨立發展。最後證明這只是一廂情願的想法，因為當一個國家要準備進入全盤西化的進程後，不但要改變執政黨的結構，而且要對於本國的固有文化同時進行徹底改變。這種改變有可能是全面的，現在的伊拉克就是這種案例。

全盤西化絕不可能

在 1996 年，當葉利欽順利連任第二屆總統之後，就對於他在之前全面西化的政策做出過徹底反省，全盤西化有兩個步驟是要俄羅斯領導人必須要做的，首先是拋棄共產黨的領導，然後放棄

俄羅斯的文化。當時葉利欽認為最後一步是不可能的,而投入西方的懷抱已經是不可能的任務,但由於葉利欽本人的身體後來一直不好,使得自己的國家發展計劃只得寄託在普京身上。這樣完全可以解釋為何普京在言論上既不反對蘇聯的成就,同時還要繼續政府的選舉民主策略,因為選舉可以解決俄羅斯內部人才合理合法的更換。

蘇聯解體基本上完全是官僚主義和政治判斷錯誤使然,老百姓只是最後接受而已,由於獨聯體國家的腹地很大,使得獨聯體國家最後可以度過這樣的難關。至於說民族主義、教條主義等問題只是整個問題的最後表像而已,而且教條主義不是缺點,它是對於自己信仰堅持的表現,不管我們對此如何痛恨,它都將會一直存在於未來的俄羅斯。

還在地方任官的葉利欽

俄羅斯前總統葉利欽

俄能源戰略欠長遠部署[24]

　　俄羅斯與國際跨國能源集團在合作的過程當中存在嚴重問題，主要原因在於俄羅斯缺乏投資法。俄羅斯政府未來的能源發展方向，是建立真正的國家能源公司，沒有投資法怎行？

　　據俄羅斯《導報》報導，俄羅斯石油公司借道哈薩克斯坦對中國出口石油的算盤暫時落空，原因是俄羅斯官員的否決。儘管該項計劃具有實質的可操作性，但俄羅斯官員實在是匪夷所思，看來俄羅斯的能源戰略和未來國家的形象出現了矛盾，可以說政策並沒有幫助俄羅斯在世界樹立一個健康的形象，未來如果俄羅斯不做調整的話，俄羅斯近六年的經濟發展將會事倍功半。

石油利潤巨大

　　2000 年之後，俄羅斯國家經濟開始步入正常發展的階段，在這一階段中表現最為突出的問題是俄羅斯能源戰略的發展方向在何方？俄羅斯是否已經為自己制定出永續發展的能源戰略呢？

　　根據英國劍橋能源研究諮詢公司在其內部報告顯示，在全世界石油開採成本中，沙烏地阿拉伯石油開採成本最低大約為 1 美元，北海新油井的成本為 2-3 美元，俄羅斯新西伯利亞的成本為 6 美元，其中加拿大頁岩的開採成本最高為 8 美元。

---

[24] 本文發表於《大公報》2007 年 1 月 24 日

　　俄羅斯尤科斯石油公司資本額為 400 億美元，利潤為 24 億美元；俄羅斯天然氣工業公司為 360 億美元，利潤為 57 億美元；盧克石油公司為 260 億美元，利潤為 18 億美元；蘇爾古特石油天然氣公司為 290 億美元，利潤為 23 億美元；西伯利亞石油公司為 160 億美元，利潤為 13 億美元；韃靼石油公司為 30 億美元，利潤為 5 億美元。

　　俄羅斯作為能源大國，它不但是能源的出口大國，而且還是能源的過境國，因而俄羅斯需要對其相關的經濟、政治、社會問題進行整體的梳理，這樣便可確定其國家利益的保存。

　　中國能源使用的特色在於煤炭的過度使用，這造成了嚴重的交通問題，中國境內 90%的鐵路運輸都在煤炭的運輸上，因此，中國未來的能源政策優先方向是提高天然氣的消費和發展核能，減少煤炭在國家能源所佔比例。普京總統在 2004 年 10 月 13 日接受中央電視台的採訪當中指出：沒有任何政治、意識形態或經濟問題能阻礙中俄兩國發展能源領域的合作。2005 年 7 月 3 日普京總統和胡錦濤主席舉行的最高級會晤聯合公報中指出：加強能源領域合作對提升中俄兩國經貿合作的整體水平具有重要意義。

　　根據聯合國 2004 年《國際能源機構世界能源展望》中數據展示，二氧化碳的排放量 1971 年蘇聯為 22.1 億噸，2004 年為 23.7 億噸，2010 年預計為 26.3 億噸；中國 1971 年為 8.64 億噸，2004 年為 34.35 億噸，2010 年預計為 49.77 億噸。

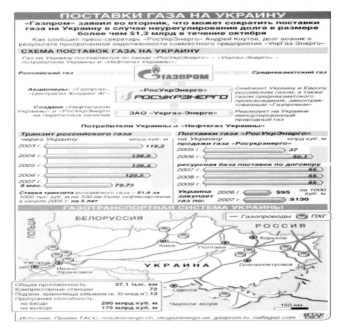

俄羅斯在烏克蘭的能源運輸途徑

需調整能源外交

俄羅斯現今能源發展主要有兩個目的:一是,俄羅斯希望通過能源效應步入主要發達國家的行列,這些大國大部分都是俄羅斯能源的消費國,俄羅斯與這些國家在能源安全問題合作,可以間接達到增強俄羅斯在國際舞臺的發言權,如果在此同時俄羅斯能夠在一定時期保持經濟的增長,這樣雙管齊下,俄羅斯就可以順利實現其強國戰略;另外,俄羅斯還要與其他油氣出口國實現互動,這樣俄羅斯就可以扮演在其兩者之間進行調解的角色。

能源外交已經成為俄羅斯強國政策的一部分，但必須指出的是，俄羅斯缺乏的是對能源外交政策的統一構想。俄羅斯能源戰略的主要依據是《2020 年前俄羅斯能源戰略》文件和《關於外交部在推行統一的外交路線中的協調作用》的總統令，這兩份檔僅僅是對於俄羅斯對外能源政策最基本的立場，具體執行的方式方法則欠缺說明。另外一份重要的文件是 1996 年制定，1998 年 2 月 27 日由俄羅斯安全會議跨部門經濟安全委員會批准的《俄羅斯聯邦能源安全學說》。在這份文件中，能源被看成國家安全最重要的因素，能源安全威脅的類型是這份文件的重點。在這一點上，俄羅斯新聞狀況的發展與能源有其相似的地方。

無節制出口未符國家利益

俄羅斯外交部直屬國際關係學院教授日寧茲教授認為：從已探明的石油儲量來看，俄羅斯石油能源的保障能力在 25 至 30 年間，未來可能存在的石油資源可保障 70 年，這樣無節制擴大石油出口未必符合國家利益。俄羅斯政府認為：保持對於亞太地區國家的石油銷售和經營多樣性，發展石油運輸基礎設施，保證石油運輸安全，保持世界石油市場有力的價格行情，保證允許俄羅斯石油公司進入包括俄羅斯石油公司進入包括獨聯體國家在內的外國石油產地。

俄羅斯天然氣儲量的保障能力在 90 年左右，預測儲量將超過 100 年。對於俄羅斯天然氣戰略的基本方向是：擴大天然氣的出口，實現市場營銷和向國外市場天然氣運輸多樣化，同時開闢亞太地區和北美地區新的有發展前景的銷售市場，其中包括向他們

輸送液態天然氣。俄羅斯天然氣外交的任務之一是保持世界貿易中穩定而可以接受的天然氣價格，維持向一些國家提供天然氣的長期合約機制，保證俄羅斯天然氣出口的統一渠道和現階段歐洲天然氣市場自由競爭條件。俄羅斯非常關注長期而大規模地引進中亞國家的天然氣，以保持自己的燃料動力系統的平衡。

俄羅斯外交部

能源合作問題嚴重

俄羅斯能源政策在面對能源領域的國家利益時，政策和現實往往是處於一種矛盾狀態。在 2020 年前俄羅斯希望在保持國內經濟持續增長的前提之下，能源消耗減少 40-48%，這樣可以使得俄羅斯在不擴大開採量的前提之下增加石油天然氣的出口。

為了達到在燃料動力產業節能和增加石油天然氣行業的產量，政府需要在 2020 年之前，向這些產業投資 5000－6500 億美元，在這筆投資的結構當中，80%的資金將會依靠俄羅斯國內保持穩定快速的經濟發展，這樣不但國內可以提供穩定的資金來源，

而且國外的資金也可以大量投入到俄羅斯。在現有的俄羅斯能源戰略政策中，主要的技術流程和項目中，應該最大限度地利用國產設備，引進國外先進技術，對動力系統各部門進行技術改進。

俄羅斯在與國際跨國能源集團在合作的過程當中仍然存在嚴重問題，幾乎所有的能源集團都在嘗試長期在俄羅斯進行能源投資的可能性。但直到現在為止，這些國際集團並沒有提出在俄羅斯實施大型投資計劃，其中主要原因在於俄羅斯缺乏投資法。而且，按照俄羅斯政府未來能源發展方向，建立真正的國家能源公司，在國家政策的支持之下，不但要對外宣傳俄羅斯國家政策，而且還要逐漸取得與西方國家平等的競爭地位。

位於克里姆林宮的「炮王」

俄與北約角力烏陷危機[25]

　　烏克蘭一旦加入了北約，將會使俄羅斯失去與西方屏障的一道地緣邊界的勢力範圍，那麼俄羅斯將會腹背受敵，操弄石油和天然氣外交的主導權就會失去力量。因此，俄羅斯拉攏烏政黨，逐步迫使政權回到親俄派的手中。

　　4 月 2 日，烏克蘭總統尤先科發布總統命令解散國會，宣佈國會將在 5 月 27 日以前進行重新改選。國防部長葛瑞森科在當晚召開的緊急內閣會議中表示：「烏克蘭的武裝部隊服從三軍統帥的命令。」首相亞努科維奇與其政黨則拒絕接受此一總統命令，

俄羅斯統一黨大會

[25] 本文發表於《大公報》2007 年 4 月 24 日

並向烏克蘭憲法法院申請釋憲否決總統令，亞努科維奇甚至在群眾聚集的獨立廣場前發表演說表示，要改選就連總統大選和國會綁在一起同時改選。今年 1 月 30 日，尤先科已首度陷入空前的政治孤立當中，當他決定正式接受其長期親西政策的盟友—外交部長塔爾蘇科的辭職信函。這是繼尤先科 2005 年 9 月撤換前「橙色革命」政變盟友季莫申科總理職務且改任命亞努科維奇之後，被視為另一個向親俄勢力的政治妥協。這可以說是自「橙色革命」之後俄對西方的一次絕地大反攻。

仰賴俄天然氣優惠價

塔爾蘇科是尤先科親西政策的執行者，亞努科維奇政黨要求撤換外交部長塔爾蘇科，等於正式向總統班底加入北約和歐盟的所有舉措選戰喊停。亞努科維奇政黨的策略聯盟—民族團結聯盟在國會佔有過半席次。然而這場府會之爭重挫了烏克蘭外資的投資信心。政局的不明朗性將持續惡化烏克蘭的經濟，迫使其勢必要修正目前的外交路線，將親西的國家方向政策往親俄的路線挪動，其中關鍵因素之一就是烏克蘭必須要仰賴俄羅斯優惠的天然氣價格政策，才能達到穩定國內經濟局勢的目的。去年年初俄烏曾經發生「斷氣」三天的危機，後來尤先科在 1 月 11 日赴俄會晤普京總統時才解決危機，當時雙方簽定五年合約，協議俄羅斯天然氣的價格是以每千立方米 230 美元出售合資公司，烏克蘭可以享有每千立方米 95 美元優惠價格。

回溯到烏前總統庫奇馬執政期間，烏俄兩國關係密切，天然氣供應在優惠價格基礎上以貨易貨貿易方式結算，俄每年通過烏

克蘭管道向其他歐洲國家輸送 1120 億立方米天然氣，享受每千立方米 1.09 美元的優惠過境費率。作為交換，俄以每千立方米 50 美元低價向烏供應天然氣。自 2005 年 5 月起，烏俄開始就 2006 年的供氣價格和過境費問題進行談判。俄羅斯要求把天然氣價格提高到每千立方米 230 美元，烏克蘭則堅持以 75 至 80 美元的價格購買俄天然氣，雙方談判陷入僵局。俄羅斯天然氣工業集團自 2006 年 1 月 1 日起開始對烏「斷氣」，隨即歐盟 2 日立即發表聲明，呼籲烏俄盡快恢復談判，妥善解決天然氣爭端。據俄專家估算，俄每年在烏身上損失約 30 億至 40 億美元。

俄防烏投靠西方

俄 2006 年出口天然氣的國際價格也都在每千立方米 230 至 265 美元之間，因此俄認為對烏的要價並不高。烏克蘭每年消費約 800 億立方米的天然氣，其中四分之三依賴進口，如果天然氣價格上漲到每千立方米 160 美元以上，烏國民經濟將遭受嚴重打擊。

如今美國正深陷伊拉克戰爭泥潭與總統大選的政權爭奪戰當中，伊朗的崛起與其核武擴張問題勢必為中東的局勢憑添更多的不確定因素。儘管有報導指出，美國總統布希 9 日仍簽署了關於支援烏克蘭、喬治亞等國加入北約的法律，並同意 2008 年的撥款援助計劃，但俄羅斯外交部發言人卡梅寧次日表示美國這是緩不濟急的做法，且指出該法律並不會給上述國家提供任何安全保障。此時此刻，正值美國內外交困的時期，亞努科維奇政黨將制定相關法律，由國會直接任命總理，無須經過總統同意，同時法

律還將落實賦予總理有撤換外交部長和國防部長的人事決定權，此一目的就是要讓已經在國會掌握多數席次的親俄勢力，在這段時期之內徹底崩潰親西的執政勢力和形成當中的親西政策。

俄羅斯共產黨主席久加諾夫

烏國會發動反擊

尤先科自 2005 年 1 月上臺後，把加入北約和歐盟列為烏克蘭優先外交任務。同年 10 月，北約還與烏克蘭舉行非正式高峰磋商會，烏明確宣佈力求在 2008 年底前加入北約，這刺激了俄羅斯。俄羅斯在這段時機內，將在外部趁隙利用對烏克蘭提供天然氣的問題上，持續向親西總統尤先科施壓，並大力支持亞努科維奇的國會多數黨，朝著憲法修改總統制為內閣總理制的方向進行，這勢必將烏克蘭的現有政權從總統身上奪回到總理的手中，近一步防堵烏克蘭脫離獨聯體的勢力範圍而進入北約的西方陣營當中。倘若烏克蘭一旦加入了北約，這將會使俄羅斯失去與西方屏障的一道地緣邊界的勢力範圍，那麼俄羅斯在尚未與中國結盟的情況

之下將會腹背受敵，俄羅斯操弄石油和天然氣外交的主導權就會失去力量。而俄羅斯的強國政策是必須與俄羅斯的石油與天然氣資源結合在一起的。

尤先科宣佈解散國會之後，國會當天立刻發動反擊，2 日下午召開的臨時會議時，261 位議員投票支持「停止中央選舉委員會權力」的決議案，拒絕對提前舉行的國會選舉撥出任何的經費，烏克蘭電視台則現場轉播了這次緊急會議。當天即有數千名支持執政聯盟的民眾在首都基輔遊行示威，在街頭搭帳篷進行 24 小時的抗議活動。

「橙色革命」翻盤再翻盤

去年 3 月 26 舉行的國會選舉中，烏克蘭局勢的劇變令人瞠目結舌，這場選舉被認為是對「橙色革命」政變翻盤的再度翻盤，尤先科領導的烏克蘭黨團在國會選舉中僅獲得 14%的得票率，落後於前總理季莫申科領導的全烏克蘭祖國聯盟 23%的選票，和亞努科維奇地區黨 32% 的選民支持，國會選舉結果使亞努科維奇再度回鍋擔任總理。這次府會危機的場景使人想起當年的「橙色革命」，當 2004 年 11 月大選風波出現時，美國和歐盟均聲稱大選出現舞弊，「不符合國際標準」，拒絕承認亞努科維奇當選，但是當 12 月 26 日舉行的第二輪選舉倒向尤先科一邊時，歐盟委員會主席巴羅佐等高官於 27 日接連發表聲明，稱讚此次選舉「大大接近了國際標準」。布希政府在 02 至 04 年間向烏提供超過 6500萬美元的政治獻金，作為美國國務院每年撥款 10 億美元在全球構

築民主體制項目的一部分。俄羅斯也在這兩年當中拉攏烏政黨，
逐步迫使政權回到親俄派的手中，遏止烏克蘭加入北約的可能性。

維克多・安德列耶維奇・尤先科（Віктор Андрійович Ющенко，1954
年 2 月 23 日生），現任烏克蘭總統。在 2004 年 10 月至 11 月的烏克
蘭總統大選中，他以「我們的烏克蘭」政黨聯盟領導人名義參選，
同時也是主要的反對派候選人。在 12 月 26 日的重選點票結果當中，
他以 52% 比 44% 得票率擊敗對手亞努科維奇。尤先科於 1993 年至
1999 年間曾任烏克蘭國家銀行行長，以及于 1999 年至 2001 年間出
任國家總理。

俄羅斯存在分裂危機[26]

　　「居安思危」是俄羅斯政權現在面臨的最大挑戰，自俄羅斯
開始使用能源政策做為恢復俄羅斯榮譽的手段時，這種危機就已
經開始存在了。俄羅斯現在的對外政策在外人看來心驚肉跳，因
為俄羅斯很多智囊認為 2007 年和 2008 年兩年是俄美戰略根本衝
突劇烈的時間，如果俄羅斯不能夠處理好外在環境的話，這兩年

位於紅場旁的購物中心，為了不妨礙克里姆林宮的觀瞻，該購
物中心為地下結構，購物中心頂部為噴泉

---

[26] 本文發表於《大公報》2007 年 5 月 17 日

政權的交接就會產生問題。這樣，我們可以理解，為何愛沙尼亞在塔林事件中，俄羅斯會高調應戰，那時很多歐洲國家都認為，愛沙尼亞只為眼前的利益，是愚蠢的，是短視的。在烏克蘭的政治危機當中，西方國家基本上已經無牌可打，非政府組織的作用已經變得非常有限。可以說普京在對外戰略中，現在看是成功的，但內部問題的確變得更加嚴重了。

葉利欽埋下惡果

這個嚴重的問題就在於俄羅斯內部的分裂勢力和分裂傾向，普京並沒有進行結構性的調整。自戈爾巴喬夫推行改革後，他和葉利欽為了自身的利益，開始大幅度放權。在蘇聯解體之後，葉利欽才發現自己的政策存在根本性錯誤，其錯誤就在他對共和國放權，這使得俄羅斯總統在討好民眾和化解共和國內部矛盾之後，這些共和國內部的危機卻更加嚴重了。

危機就在於，這些共和國基本上都存在多種族共存的現狀，而俄羅斯聯邦政府在放權之後，這些權力並沒有轉化成為經濟發展的動力。反而，這些共和國普遍都是發展緩慢，民族內部矛盾激化，甚至伊斯蘭激進主義開始在這些共和國內部迅速傳播。比如，有些地區開始出現基地組織的分支機構，當然在車臣還有基地組織的人員在參與戰鬥。

1990 年 8 月 5 日，葉利欽訪問喀山，並勉勵韃靼的民族主義者。葉利欽認為，韃靼斯坦共和國應該為自己爭取最多的獨立。《真理報》將他的話解釋為：「俄羅斯歡迎韃靼斯坦共和國為自己選擇的任意形式的獨立……如果你們想要完全的掌握自己，就

繼續吧。」在之後的幾個星期之後，《紐約時報》的比爾卡勒的一次採訪中，葉利欽說韃靼斯坦早在 1987 年就應該享有聯邦共和國的地位。

韃靼主權獨立的反對者曾提出這樣的言論：你同意韃靼斯坦脫離俄羅斯聯邦嗎？共和國國會在共和國總統沙伊米耶夫的支持下選擇這樣回應：你是否同意韃靼共和國是一個主權國家，一個國際法的主體，能夠在雙方平等夥伴的協約基礎上與俄羅斯聯邦和其他共和國和地區建立聯繫？在全部參與投票的 81.6% 人群中有 61.4% 投票支持；不同的群體出於不同的目的投票支援分裂。

激進思想蔓延

車臣共和國的恐怖分子開始發起建立《革命和恐怖戰鬥》的網絡，在車臣反叛的第一次行動後（破壞地區能源主幹線和管道等）不久，知名恐怖分子巴薩耶夫也同時佔領了俄南部城市的一間醫院，扣押了數以千計的平民為人質。早在 1992 年 TOTs 恐怖組織成員就向車臣反叛者提供支援。

在車臣 1994-96 的戰鬥中，恐怖分子已經開始伊斯蘭化。從那時起，這一進程以及與俄羅斯其他地方的激進組織和基地組織的聯繫的發展就開始加強。

有人警告：俄羅斯繼續發動車臣戰爭，普京總統反對聯邦主義和民主化會再一次使政府更加中央集權化，這將導致激進的俄羅斯一些穆斯林加快伊斯蘭化進程，一個地理型擴張便會形成，族群分裂，有組織的伊斯蘭恐怖分子網絡遍佈俄國，儘管不像基地組織那樣具有國際水平。

導致蘇聯解體的八月事件，圖為坦克經過 KGB 總部大樓照片

政權交接問題多

2008 年，不但普京要面臨政權的交接問題，其他很多共和國都面臨政權交替問題。此時如果這些共和國內部伊斯蘭激進組織開始搞大規模的恐怖破壞行動的話，這將是對俄羅斯最大的挑戰。因為，現在美國並不希望這股勢力在俄羅斯消失。美國在面對伊斯蘭激進組織時，常常是外部危機，但俄羅斯在面對同一問題時，卻是內部問題，而且常常敵友難辨。對於這個問題，美國已經開始再次重視起來，因為美國可以利用這樣的危機來制衡俄羅斯的能源政策。

此時，俄羅斯和中國的關係至關重要，因為在民族問題上，中國有一定的成功經驗。另外最重要的是，這些共和國的民眾主要存在兩部分人，一部分是高加索地區的人，另外一部分就是以蒙古人和維吾爾人為主的亞洲人種，這些人的宗教信仰很多是佛教或藏傳佛教。俄羅斯和中國交流，可以讓俄羅斯官員多瞭解，如何以和解的政策來緩和民族矛盾。

莫斯科紀念太空人加加林的廣場

謝肉節的紅場：04 年謝肉節的紅場，
傳統的稻草人矗立在廣場的大斜坡上

　　儘管在俄日戰爭中，沙皇俄羅斯戰敗，沙皇俄羅斯時期所執
行的東西兩面政策基本還是成功的。在蘇聯時期，蘇聯並沒有恢
復東面政策的主動性，這也間接導致蘇聯和中國關係破裂。在蘇
聯解體過程中，中國和美國的聯合，在蘇聯解體時的作用不可低
估。現在，俄羅斯仍是兩面作戰，一面是來自西方的壓力，另外
一面是分裂勢力的挑戰。普京要採取主動，這樣才能逐漸化解俄
羅斯所面臨的分裂勢力和分裂趨勢。

俄媒對華報導心態複雜²⁷

　　俄羅斯的中國報導呈現混亂狀態，因為俄羅斯人對於正在崛起的中國懷有既期待又害怕受到傷害的複雜心理。中俄如果能解決兩國人民間的心理問題，要達到獨一無二的關係是指日可待的。這不但能擺脫美國對於中國的戰略壓縮，俄羅斯也能緩解丟失東歐之後的不安全感。

　　7 月 27 日 13 時 02 分，參加「和平使命－2007」聯合反恐軍演的中方第一批鐵路運輸參演部隊換乘俄羅斯軍列，駛出滿洲裏口岸進入俄羅斯境內。這是中方裝備第一次通過俄羅斯國門。筆者所知，很多人士對於中方軍隊的長途跋涉感到不很滿意，這使得中俄在新聞報導上原則的偏差提上枱面。在這裡俄方媒體人應該多多理解中國的文化，而中方則更需要理解俄羅斯就事論事翻臉不認人，不存在任何情感的民族特性。

　　1992 年蘇聯解體之後，到 2007 年為止，中國、中國商品和中國人在俄羅斯人的印象和媒體的報導方式中，都經歷了翻天覆地的變化。俄羅斯在經過十多年的對華報導過程中，很多媒體陷入迷惘狀態，如何將中國經濟崛起變為促進兩國利益交融的一部分，成為擺在俄媒體人面前最大的挑戰。

---

²⁷ 本文發表於《大公報》2007 年 7 月 31 日

記者學美國新聞觀

俄羅斯媒體對華報導主要分為三個階段，這三個階段中，俄媒體均存在不同的問題。

1992 年到 1994 年，當中國商品大量進入俄羅斯後，俄民眾當時對於價廉質次的中國商品並沒有太多的防備和鑑別經驗，因為無論是在蘇聯還是俄羅斯時期，凡是俄羅斯出產的商品，質量穩定，商品單一，受眾無需有鑑別產品質量的需求。此時，俄羅斯媒體對於中國商品出現的問題並沒有太多的關注，其原因在於，俄羅斯媒體改革正在深入展開。

1994 年到 1998 年俄羅斯金融危機前，中國商品和中國人的形象開始在俄羅斯媒體中大量出現，但基本都是負面形象，中國商品幾乎成為質次商品的代名詞，而中國人在俄媒體心中基本上都是非法工作或者逃漏稅的形象。俄羅斯媒體關注中國商品和中國人的主要原因就在於，在蘇聯解體之後，馬列主義新聞觀遭到嚴重的破壞，在新的新聞觀未建立之前，美國和西歐國家就開始把資金注入到俄羅斯報紙、廣播和電視，並且投入大量資金培養俄羅斯新一代記者。俄這些新一代記者在美國學到的新聞觀卻是一些「狗仔」新聞製作的手法，以及簡單廉價的民主新聞報導方式。這些記者回國後，在新聞報導中深挖政治人物的私生活和不當收入，對於中國不友好的報導成為這些記者的實驗場。

五十年代的海報

六十年代在珍寶島對峙的士兵

混亂報導引起關注

1998 年到 2000 年，在俄羅斯經歷金融風暴之後，國家經濟萎靡，民眾消費能力銳減。俄羅斯民眾慢慢地接受中國商品是價廉物美的代名詞，但俄媒體對於中國的報導卻和之前沒有區別，基本上手法陳舊觀點偏激。

2000 年後，當中國加入世貿組織，真正成為世界工廠之後，俄羅斯媒體已經感到自己在中國報導上出現了非常大的失誤，但卻由於此前思想的慣性作用，報導仍處於混亂狀態。這以《生意人報》最具代表性，該報的一位副總編曾私下表示，儘管最近該報的相關高層曾試圖改變對中國報導的方式，但由於該報的前老闆、寡頭別列佐夫斯基儘管流亡英國，別氏所主導的新聞思想仍然深刻影響該報報導方向，別氏經常通過非政府組織培養所謂有反對普京傾向報紙的記者，而這些記者也樂於使用非政府組織的錢到西方國家學習。最近，普京已經開始注意到這一問題，並關閉了一些非政府組織培養記者的學校。

俄羅斯的中國報導呈現混亂狀態主要體現在受眾和記者兩者間。這是因為俄羅斯人對於正在崛起的中國懷有既期待又害怕受到傷害的複雜心理。

人民生活仍感窘迫

我們在與俄羅斯交往的過程中，首先必須面對俄羅斯東西失平衡發展的局面。另外，俄政府還沒有讓這幾年快速發展的成果轉變為人民看得到的實際好處。比如，俄羅斯統一能源系統公司發言人塔吉安娜米拉耶娃就指出，當莫斯科人的生活和消費

水平直逼西歐國家時，在遠東地區生產能源的工人的生活仍然非常窘迫。

現在俄羅斯記者在報導中國的新聞時，一方面已經開始肯定中國的經濟成果及其對世界經濟的影響。另一方面，俄羅斯記者卻陷入思想的困境，他們每天面對民眾時，這些民眾反映的卻是中國人對該地區的威脅，儘管中國企業官員僱用大量俄羅斯僱員，但這畢竟只佔俄羅斯總人口數的非常小的一部分。這種威脅是被誇大不真實的，但俄媒體對此判斷力較低。俄媒體對中國的報導現在主要分為三派，分別為：美派、俄派和親中派。美派記者主要集中在《生意人報》、《獨立報》、《機關報》（和美國《華爾街時報》合作）、《莫斯科新聞報》和獨立電視台等；俄派主要在《消息報》、《先鋒真理報》、《莫斯科先鋒報》和俄羅斯國家電視台等；親中派主要有塔斯社、俄新社、《勞動報》、《俄羅斯報》等。在對華報導上，親美派媒體對於中國的態度基本上為不知所措，俄派媒體則是試圖找出一條符合俄羅斯國家利益的兩國健康發展道路，親中派媒體則已開始行動，但其力量還十分薄弱。

俄羅斯新聞社（俄文：Российское агентство международных новостей，意思是俄羅斯國際新聞通訊社，簡寫為 РИА Новости，英文簡寫為 RIA Novosti）簡稱俄新社，為一個俄羅斯的新聞社，總部設在莫斯科。2004 年 4 月正式註冊為俄羅斯聯邦國有企業。

俄通社－塔斯社（俄語：Информационное телеграфное агентство России，ИТАР-ТАСС），簡稱俄塔社，也譯為伊塔爾－塔斯社，為俄羅斯最大的通訊社，國際性通訊社之一，屬於俄國家通訊社，前身為蘇聯官方通訊社塔斯社，為世界五大通訊社之一，總社位於莫斯科。

俄塔社的前身是新生的蘇維埃俄國於 1917 年 11 月 18 日成立的俄國彼得格勒通訊社（Петроградское телеграфное агентство）。1918 年與全俄中央執行委員會所屬的新聞局合併，命名為俄羅斯通訊社（Российское телеграфное агентство），簡稱羅斯塔（РОСТА）。1925 年 7 月 10 日改名塔斯社。對外用俄語、英語、俄語、法語、西班牙語、葡萄牙語、德語、義大利語、阿拉伯語 8 種文字發稿，向 115 個國家和地區的新聞機構或商務代表處提供新聞或經濟資訊。

蘇聯解體後，塔斯社歸屬俄羅斯聯邦新聞中心管理。1992 年 1 月 22 日俄羅斯總統葉利欽簽署命令，塔斯社同前蘇聯新聞社的一部分合併，組建新的國家通訊社──俄羅斯通訊社；同時，在俄通社中保留獨立的塔斯社機構。同年 1 月 30 日開始以俄通社-塔斯社名義發稿。

ПРАВДА (ru)

выходит с 27 января 1999 года

《真理報》《真理報》，（俄文：Правда），是 1918 年至 1991 年間蘇聯共產黨中央委員會的機關報。《真理報》在 1991 年被時任俄羅斯聯邦總統的葉利欽下令關閉，但同名的報紙不久就開始發行。

原《真理報》的大部分職員于 1999 年加入了新創建的網路媒體「真理報線上」-- Pravda.ru。「真理報線上」目前是訪問人數最多的俄羅斯新聞站點，它與俄羅斯國內正在發行的《真理報》沒有任何關係。俄羅斯國內還有多份同名的報紙一直在發行。

原《真理報》在西方乃至全世界都以其政治色彩而著名。

ВЕДОМОСТИ

一份早年（1950 年代）的《真理報》頭版，大標題意為「蘇維埃領袖的宣言」

與《華爾街日報》合作的《機關報》

ТРУД
Ежедневная газета

《勞動報》（俄語：Труд）是目前俄羅斯發行量最大的報紙，在政治觀點上奉行中間路線。其所有者為俄羅斯天然氣出口總公司（Gazprom）。

《勞動報》於 1921 年 2 月 19 日創刊，創建時是前蘇聯全國總工會的機關報。在 1990 年，《勞動報》以每日 2150 萬份的發行量被記入了吉尼斯世界紀錄大全。

《消息報》網站標誌

心理壓力有待紓緩

獨聯體學院校長康斯坦丁黎杜林就認為，現在中俄兩國應該建立一種有別於美國、歐洲和日本的特殊關係，在世界上具有獨一無二性。俄羅斯精英在國際政治戰略上經常會有驚人之語，可以說是大膽假設，無心論證或是論證粗糙，當年老總統葉利欽就在兩國高峰會議中提出兩國貿易額提升 200 億美元，當時中俄的外交人員均感到無所適從，因為當時兩國貿易保持在 50 到 60 億美元，

俄羅斯《獨立報》的報導，該報在標題中就指出未來俄羅斯領導階層可能面臨的問題，但該新聞的圖片卻按照正面新聞的方式處理，使得受眾誤以為是正面新聞，這是《獨立報》整體的特色，就是可以按照自己的需要，對於政府進行批評，這在中國是非常少見的，對於這樣的在俄羅斯有著巨大影響的媒體如何交流，這得我們思考。

都是勉強為之的。我們都認為是葉利欽老糊塗了，沒想到 2000 年後，葉利欽的預言實現了。

現在俄羅斯報紙、廣播、電視、網絡幾乎每天都有來自中國的新聞，這在 2000 年前還是非常難以想像的，2000 年之前，中國新聞出現的頻率最高不過一星期兩條。

中俄兩國間如果能解決兩國人民間的心理問題的話，要達到獨一無二的關係是指日可待的。這種關係，不但能擺脫美國對於中國的戰略壓縮，而且俄羅斯也能緩解丟失東歐和獨聯體腹地之後的不安全感。

俄需公平合理運用資源[28]

　　俄羅斯在發展過程中面臨的問題是如何將經濟成果變為真正讓民眾感受到的實惠，俄羅斯需要建立權力的平衡機制，公平合理地把全國的資源應用到真正需要的地方。

　　俄羅斯在 2000 年之後依靠能源，經濟發展快速，被世界經濟學家譽為「金磚四國」之一。那麼，在俄羅斯經濟快速發展的今天，如何把俄羅斯經濟歸類是擺在經濟學家面前的難題：俄羅斯經濟發展到底是反全球化的結果，還是俄羅斯融入全球化後才取得豐碩的經濟成果？俄羅斯有選擇性的進行政治、經濟全球化是普京時代和未來八年俄羅斯發展的主要特色。

為能源國有化付出代價

　　對此就連俄羅斯經濟專家都莫衷一是，但有一點是非常確認的，就是俄羅斯為自己的經濟發展付出了使人難以想像的艱辛。因為在能源價格低迷的上世紀 90 年代，很多西方國家都在俄羅斯石油田進行大規模的圈地運動，但俄羅斯在大環境不好的情況下卻能只做出最基本的讓步，包括俄羅斯石油公司這樣的大公司，當時已經到了瀕臨破產的邊緣，該公司本已被拿來進行合資，但最後俄羅斯政府出面，讓該公司自主地生存下來。

---

[28] 本文發表於《大公報》2007 年 11 月 2 日

新阿爾巴特大街【Noviy Arbat (formerly Kalininskiy Prospekt)】

　　俄羅斯當時盡力保持天然氣公司的國有化特色，當時天然氣公司只出口大量天然氣到歐洲國家。同時，為了保住俄羅斯和其他獨聯體國家的關係，俄羅斯低價向獨聯體國家出口天然氣。但俄羅斯在這方面所作的努力，其實並沒有收到預期的效果，而且當時出產能源的俄遠東地區因為缺乏能源，很多獨居老人因為室內溫度太低而被凍死。俄羅斯為能源付出巨大代價，2000 年後是這一代價的收穫期。也許當初太苦了，使得最近普京在執政的最後期間，頻頻使用石油、天然氣作為外交武器時，有過於霸道之嫌。其實在葉利欽執政的最後階段，葉利欽身邊的年輕智囊就傾向於使用激烈的外交手段，但當時俄羅斯國力不強，使得很多外交手段並沒有機會應用。

落實全球化成為挑戰

在普京執政期間，如何落實全球化的普遍原則，在俄羅斯便成為政府的主要挑戰。俄政府之所以執行能源企業國有化，主要因為能源可以是俄政府主要收入的來源，通過擴大政府收入，使得政府擁有更大的資源，並把資源分配給很多在這次俄經濟大發展階段沒有受惠的民眾；扶植處於弱勢的產業，這樣俄羅斯便可以長治久安。一般來講，俄羅斯整體有關政策基本執行的空間為十年左右，如何在下一個八年將俄式民主化進程進行到底成為普京的主要任務。

1992 年後俄羅斯民眾對於政黨的印象基本上都是負面的，政黨在俄羅斯一般都是陰謀的代名詞。因為民眾無論是支持蘇共的改革派還是支持俄聯邦時期的激進改革派，這些改革最後都以犧牲民眾利益為依歸，人民被騙，傾家盪產，感情受到極大的傷害。所以未來俄羅斯總統如果具有黨派背景，他的聲望勢必馬上下降。這也包括普京在內。

把統一俄羅斯黨變成了一個超越黨派職能之外的黨，是普京的主要政治設想。統一俄羅斯黨既是政府的組織，同時又是俄統治者的私人俱樂部。確切地說，統一俄羅斯黨和蘇聯共產黨還是有一些區別的。蘇共有 2000 萬黨員之眾，它控制了幾乎各個領域的人事任免，包括從首席芭蕾舞演員到油畫首席畫家的任免。而統一俄羅斯黨只有 160 萬人。蘇共還有著嚴重的教條主義作風。統一俄羅斯黨的政治綱領和由克里姆林宮制訂的「普京計劃」並沒有什麼大的差別，而且黨和普京溝通的渠道非常暢通，黨員有重要意見需要轉達，首先普京總統的辦公廳會馬上有回覆，而且見總統並不很難。比如莫斯科大學新聞系的老系主任如果想見總

統，只要總統有時間，便能馬上見到。兼聽則明在普京身上有非
常好的體現。

地鐵「大學站」

　　最近克里姆林宮總統辦公廳官員奧洛夫給統一黨的相關機構
制訂了一份能夠幫助俄崛起的活動報告，這包括：2012 年向月球
發射衛星，2014 年在索奇舉辦冬季奧運會，到 2020 年 GDP 總量
世界第五，2025 年登陸火星。

酒器。黃色玻璃，釉，琺瑯。19 世紀末期。季亞科夫玻璃廠生產。這只酒器是「仿俄羅斯風格」傑出代表，這種風格曾於 19 世紀末 20 世紀初在俄羅斯建築、繪畫和實用藝術中十分盛行。現收藏於國家歷史博物館。

公平機制尚未建立

統一黨有 60 個地區的領導人（超過 89 人）是該黨黨員。國家杜馬中甚至有超過 3/4 的政黨支援普京，這種情況使像國家杜馬公平黨的議員古德可夫非常擔心，他認為統一黨早晚要把其他黨派清除。

統一俄羅斯黨現在站在完全控制政治地位的門口，這正是美國和歐洲擔心的，所以俄羅斯必須及時向世界各國介紹政黨的發展狀況。隨著普京成為該黨領袖的可能性增大，12 月份的國會大選似乎可以等同於對普京未來統治的信心的大選。大選的結果應該是沒有懸念的，統一俄羅斯黨儼然已經是國會中的執政黨，完全排斥了其他獨立或者小黨的參與。如今，在克里姆林宮和地區領導人候選人名單的後面，有著統一俄羅斯黨這個強大的後盾在進行著推手的工作。這些地區的候選人控制著俄絕大部分地區的媒體和廣告宣傳工具，聯邦政府牢牢控制著國家電視台，擁有 6.9 萬職員德馬克尼多哥斯克鋼鐵廠老闆拉什多夫、擁有七家大型連鎖超市的科盧茲夫等眾多老闆和寡頭都是該黨的黨員。

普京肩負艱巨任務

普京總統能夠擁有超過 70%的民眾滿意度主要原因是民眾對於深入民主化的期望，未來普京必須在民主化路程上創造歷史。中國面臨房改、醫改和教改的挑戰，但普京面臨的基本只有

俄羅斯莫斯科大劇院內景

房改，因為俄羅斯醫療是免費的，只要改善醫療環境就好；教育也免費，所以教改任務也較輕鬆。普京在接下來的四年間如何建立國家、政黨公平競爭機制是他首要的任務，在此機制下民眾可以充分享用國家發展的成果。

現在俄羅斯在發展過程中面臨的是如何將經濟成果變為真正讓民眾感受到的實惠，行業間的不平衡，是俄羅斯需要強力政黨的根本原因。但俄羅斯仍然需要建立權力的平衡機制，就是如何讓政黨、政府能夠公平合理地把全國的資源應用到真正需要的地方，這樣在全球化的進程中，俄羅斯會堅持「有所為有所不為」的原則，選擇性地進行民主化。普京同時應該在未來的四年間加速進行體制建設，這樣便能保持俄羅斯政治和經濟領域中的活力。

素瓷雕《格魯吉亞女人》。加德納廠製造。繪飾。19世紀晚期。
現收藏于謝爾吉耶沃─波薩德斯基自然保護區國家博物館。

俄羅斯公民社會再復興[29]

　　俄羅斯如何在政治、經濟、文化、宗教等方面取得平衡，是普京及其他政治家所要解決的主要問題，如果俄羅斯能夠在選舉的民主體制之下，建立不同於美國的政治體制，俄羅斯的再次復興和持續發展將會得到保障。

　　據俄羅斯中央選舉委員會 11 月 3 日公佈的計票結果，統一俄羅斯黨、俄羅斯共產黨、自由民主黨和公正俄羅斯黨獲得進入新一屆國家杜馬的資格。俄羅斯中央選舉委員會對 96.2%選票的統計，統一俄羅斯黨的得票率為 63.2%，俄共產黨的得票率為 11.7%，自由民主黨和公正俄羅斯黨的得票率分別為 8.4%和 8%。而農業黨、亞博盧集團以及右翼力量聯盟等七個黨派能獲得進入新一屆國家杜馬的資格。這次選舉是俄羅斯以強大的選舉手段進行國家公民、民主社會建設的開始，如果認為普京壟斷專權，那就是對於俄羅斯政治人物政治智商和抱負的侮辱，是對俄歷史的無知。

俄定出發展方向

　　儘管統一俄羅斯黨在選舉中獲得了絕對性的勝利，有兩個方面對此反應最積極。首先是俄羅斯共產黨和右翼政黨，儘管俄共獲得了一定的席位，無疑在未來四年的俄羅斯政壇，俄共已經失

---

[29] 本文發表於《大公報》2007 年 12 月 12 日

去了對於政壇的控制能力,是自 1999 年連續政策性判斷錯誤的結局。另外右翼政黨失去了舞臺,這也是長期空談無法深入民間的最終結果。

最後,西方的媒體開始大量全面批評這次選舉中出現的問題,但西方的政府則很少有批評。《紐約時報》在選舉前三天,就在社論稱普京對權力的貪婪和壓制反對者,這次選舉不公正也不自由,最後社論指出俄不是民主政體。英國《衛報》則在網站新聞中指出,由於普京準備勝利出現的欺詐、威脅和賄賂,報導還指出克里姆林宮強迫公共部門數百萬工人投票,投票者被施壓投票給統一俄羅斯黨。

西方媒體這次這樣積極關心俄羅斯的選舉,其目的是非常陰險的。如果統一俄羅斯黨在大選中獲得大勝,這是俄在 1992 年之後,首次獲得在未來幾年的時間內,可以從容解決俄政治結構中面臨的一系列複雜的問題。如果俄羅斯在未來實現公民社會的良性發展,發揮每一位公民的積極性,這樣俄再造政治、經濟、文化等方面的輝煌,是指日可待的。

寡頭皆有負面形象

畢竟,1992 年後,俄羅斯曾嘗試過最自由也是最失敗的經濟改革,包括媒體在內,俄《傳媒法》曾比美國或者其他西方國家自由,民眾對於西方的敵意在 1996 年後,變得異常強烈。

自 1992 年解體以來,俄羅斯公民對於政黨、政客、寡頭、壟斷企業等基本上都是負面印象,投票率低是最主要的問題,但俄羅斯政府的體制建設需要民眾的參與。俄羅斯經濟體制中的市場

靈活度一直非常高，但如何在政治、經濟、文化、宗教等方面取得平衡，是普京及其他政治家所要解決的主要問題，如果俄羅斯能夠在選舉的民主體制之下，建立不同於美國的政治體制，俄羅斯的再次復興和持續發展將會得到保障。

俄羅斯聖彼得堡大學社會學教授維諾哥拉多夫認為，蘇聯解體對於政府整體管理上的垂直權力結構進行了完全的破壞，並且區域社會群體中存在千百年的有機聯繫和民族傳統也開始遭到破壞，進而經濟和社會政治動盪達到了近乎失控的程度，這樣俄羅斯政治家所面臨的決不僅僅是領導人的正常輪替這樣簡單的問題，俄羅斯如何建立能夠維持百年以上的政治體制？這是俄羅斯政治家包括普京在內所應該思考的問題。

現在俄羅斯佔主體的經濟結構是寡頭和個體，這些利益集團在俄羅斯現代社會政治、經濟制度中具有決定性的作用，這種經濟形式不僅對於俄羅斯現在以原材料出口為主的經濟結構形成利益威脅，而且對於俄羅斯民族、宗教、文化、思想等方面構成絕對的危害。

利益集團是個人的活動而產生的，這些人把自己富足的物質生活同實現集團面臨的政治目標聯繫在一起。這些政治化的個人最

普京的背影

為關注的是從個體和集團的制度中，為自己的自私自利做出解釋和辯護，政治和經濟利益成為這些人考慮的準則。這樣俄羅斯的思想等方面是否能夠延續，則不在這些人的考慮範圍內。

垂直權力結構遭破壞

俄科學院社會綜合研究所民意調查部主任安德列耶夫在一項調查中發現，78.3%受眾認為民主程序包括選舉、議會、出版自由是空洞的假像，這反正是富人和掌權者在管理國家；60.4%受眾認為反對黨的任務不是批評總統和政府，而是支持政府的工作；87.7%受眾認為對於民主國家來說最重要的是遵守法律和保持人的自由。可以看出，民眾認識和理解的自由、民主、選舉等議題和右翼、左翼黨派甚至是西方媒體、政客所宣傳的有巨大的出入。

俄羅斯是一個思想性非常高的民族國家，在中俄關係中，正常的政府間交往是最重要的形式，但兩國間的民間交往則僅存在於中國「倒爺」和俄遊客間，而兩國間特別是中國留學俄羅斯的學生並沒有發揮其正常的作用，留美學生在整個中美百年的關係中發揮了重要的作用，而幾乎所有的留俄學生在學有所成之後都成為商人，這是典型的人才浪費，這也是在60年代反赫魯曉夫的後遺症之一。

現在俄媒體的發展高度市場化，包括《獨立報》、《生意人報》、《政權》（雜誌）、《金錢》（雜誌）等多家媒體，在有理有據的前提條件下，可以對普京進行善意或者是惡意的批評。現在一個高度市場化的媒體體系和中國媒體的高層次思想上的交流是非常困難的。

中俄交流應注意多元化

中國必須瞭解俄羅斯現在所面臨的轉折點，中國必須加入俄公民社會的建設進程中，兩國在政府、政黨的交往的效應還是非常有限的。就像現在俄羅斯傳媒的商業化和自由度都是非常領先的，這樣兩國媒體在交往中就存在障礙。中國必須建立相關的遊說體制，在俄羅斯國會、媒體、政府中進行遊說，這種形式其實早就存在於中美關係中，而在中俄關係中則很少應用，兩國關係的推進都靠行政命令，是不可靠的。兩國關係中 50 年代的蜜月和 60 年代的對抗，都是靠行政命令才發生的。所以中俄關係要思想交流，而不是外交、行政交流。

普京模式是反西方模式[30]

反西方是俄羅斯加強與獨聯體國家聯繫的必要手段，此戰略
的實行最終結果可能是部分獨聯體國家回歸俄羅斯。

12 月 10 日，當今俄
羅斯四個大黨統一俄羅
斯黨、公正俄羅斯黨、俄
羅斯農業黨和俄羅斯公
民力量黨聯合提名第一
副總理德米特裏梅德韋
傑夫為 2008 年總統大選
候選人，弗拉基米爾普京
對此表示支持。這代表普
京的強國模式將會得到
有力的支持和延續。在過

在紅場上演講中的普京

去幾年間，普京的強國模式得到了俄羅斯民眾的普遍支持。但在
西方媒體對此會非常擔心，甚至在這次俄羅斯杜馬的選舉中出現
了詆毀的現象。當初很多學者認為，這應當是西方害怕一個強大
的俄羅斯對於西方構成威脅的緣故，但現在種種跡象表明，西方
擔心的是一個強大反西方的俄羅斯將會出現在歐洲上方。

---

[30] 本文發表於《大公報》2007 年 12 月 24 日

要令俄成為強國

　　首先在認識普京模式的過程中，普京模式的核心是什麼？很多人會不假思索的認為是強國政策，但強國政策的核心又是什麼呢？聯想到現在俄羅斯最被人詬病的問題，就是能源霸權心態，但俄羅斯為何能夠在能源問題上耍霸權呢？其實，這才是問題的核心。在這個問題上，筆者最近就和《羊城晚報》評論部主任莫丹濤就此事進行了長時間的討論，我認為莫丹濤是在中國長江以南對於俄羅斯問題有獨到瞭解的中青年學者之一。最後

射擊中的普京

我們一致認為，俄羅斯的霸權心態在於俄羅斯的戰略腹地遼闊，另外，在於其自身的資源豐富。但其中最主要的問題是俄羅斯周圍有很多國家都是俄羅斯的緩衝地帶，這些國家直到現在還被稱為獨聯體，而且每一年獨聯體國家領導人都會定期舉行會議。在俄羅斯的對外貿易中，俄羅斯同獨聯體國家的貿易額是最大的，俄羅斯能源在對外輸出中，其中佔最重要分量的也是獨聯體國家，這樣俄羅斯整體經濟發展模式是在獨聯體內部就實現了有效的內部循環。

如果普京模式不是反西方的話，這些獨聯體國家就有加入歐盟或者北約的可能。現在很多東歐國家已經加入北約，在地理條件上，是對俄羅斯的戰略壓縮，但實際上，也是對俄羅斯經濟發展的壓縮。因為在歐盟這個經濟圈內，俄羅斯沒有任何經濟和技術的優勢，而且連俄羅斯最為自豪的軍事，也因為武器模式與西方的不一樣，而讓這些國家首選美式武器。那麼俄羅斯剩下的就只有能源輸出的一條路。但俄羅斯能源輸出也只能是基礎性的能源，而能源的深入加工則在東歐國家內完成，因為美國或者歐洲國家的能源大公司的深入加工佈局都在東歐國家，這些大公司在俄羅斯的投資主要有兩項，一是在俄羅斯尋找能源能力上的投資，二是購買俄羅斯能源地所有權的投資。

盼獨聯體早回歸

俄羅斯在外交中絕對沒有中國式的共同開發、互利互惠的原則，這在俄羅斯對待北方四島的態度上可以看出來。當初在俄羅斯經濟最困難時，日本曾表示，只要四島回歸，就給俄提供超過200 億美元以上的經濟補償，而且還大量貸款但最終葉利欽還是選擇不歸還北方四島，在地理位置上永遠不讓日本冒頭。現在看來，這一戰略是非常奏效的，但其代價則是遠東的發展非常不盡如人意。

俄羅斯是一個戰略至上的國家，反西方不但是俄羅斯的需要，而且也是俄羅斯加強與獨聯體國家聯繫的必要手段，此戰略的實行最終結果可能是部分獨聯體國家回歸俄羅斯。譬如現在的

白俄羅斯的回歸可能性就非常大，甚至有說白俄羅斯回歸只是方式和方法的問題，這包括中亞國家在內也有這樣的傾向。

2007 年 3 月 1 日，在俄羅斯現任總統普京與下屆總統熱門侯選人、俄政府第一副總理梅德韋傑夫的家鄉聖彼德堡市中心，樹立起兩人的巨幅海報，上面寫道：「我們一起贏得勝利」。普京與梅德韋傑夫都出生於這座城市，亦在此求學相識，並先後進入俄政權最高層。俄羅斯新一屆總統選舉將於 3 月 1 日投票。（照片選自中國新聞社網站）

應與中華圈合作

中國在發展中也有同樣的問題，就是中國周邊沒有戰略緩衝地，而中國所建立的經濟循環圈則過小。過去這更糟糕，就是完全沒有。現在中國所主導的出口型經濟最大問題在於，經濟模式的依賴性過強，已經嚴重阻礙了中國的統一進程，這也是現在我們台灣辦公室難以施展拳腳的原因。如果兩岸直接交流，就是建

立在三通的基礎上的深層次交流，把台灣納入大中華經濟圈，台灣本身的科技優勢，再加上香港的金融服務優勢，能讓俄羅斯能源進入這一體系。現在俄羅斯對這個經濟體系還是非常擔心，甚至是不支持的，這應該是俄羅斯政府的短視行為，甚至是蘇聯敵視中國的政策。因為越是年輕俄羅斯人多的單位，對中國其實越尊敬；而中國通越多、歲數越大的單位，在心理上越反華，但這些人很多都是我們的座上嘉賓，只因為這些人會講一些表面文章。這非常反常。

在過去八年間，普京領導俄羅斯經濟從昔日的低谷走向今天的高峰，很多學者認為俄羅斯經濟的恢復，主要依靠的是能源出口，俄羅斯其他方面的變化並不大。其實這是對俄羅斯歷史不瞭解和受西方長期以冷戰思維諷刺、否定俄羅斯的態度影響所致。

俄羅斯本身是能源大國，不管是彼得大帝、葉卡捷琳娜時期，沙皇俄羅斯的擴張都是按照能源的分佈進行的，尤其是尋找國家出海口的戰略更是不惜代價。史達林發展蘇聯的經濟模式完全是依靠國家大量的能源為基礎，發展重工業，蘇聯模式的最主要問題在於行政對於經濟發展的過度干涉，使得蘇聯經濟在整體的調整過程中出現非常好笑的問題。譬如我們最熟悉的蘇聯在戈爾巴喬夫改革的最後階段人民排隊買日用品，但在旁邊的糧倉烏克蘭，民眾則大量浪費糧食，吃不了隨便扔或者餵豬。因為麵包生產量是固定的，不能隨民眾的需求而變化。這些在後期的紀錄片中有清晰的反映。如果這些人把多餘的商品拿到莫斯科賣，則成為奸商，在俄羅斯聯邦時期的寡頭多數是由奸商起家的。蘇聯政府的這種調配能力，難怪經濟出問題。

能源是外交戰略

　　現在普京政府八年間在立法等相關領域快速提高公務人員的效率。這次杜馬選舉中支持普京的統一俄羅斯黨大選過半，相信在接下來的時間，普京心目中很多法案將會逐步通過。與普京相處 17 年的總統候選人梅德韋傑夫，也會強力支持普京未來的政策，這樣俄羅斯強國的政策必將在多個政治強人身上體現，而俄羅斯現在的強人政治也必將會在憲法的體制下完成。

　　未來俄羅斯的強國策略與西方的戰略發生衝突的可能性大為提高，但俄羅斯也必將依靠自身的能源，展開維護國家利益的外交戰略，俄羅斯戰略越是反西方，那麼，俄羅斯恢復擁有獨聯體的領土就會成為可能。作為正在崛起的強國中國，其中平衡的角色不言而喻，但中國可能需要有同俄羅斯多個強人打交道的準備。

普京控制傳媒推動改革[31]

　　俄羅斯媒體發展有其特殊性，這個特殊性對俄羅斯試圖建構新的國際體系有著關鍵作用。俄羅斯媒體所有權的爭鬥證明瞭俄羅斯要強國必須先要控制媒體。然而打擊恐怖主義又使得新聞報導受到了新的限制。

　　2008 年 3 月 2 日，俄羅斯總統選舉終於有驚無險過去，總統候選人梅德韋傑夫獲得選舉最終的勝利。這場勝利不僅僅是梅德韋傑夫的勝利，同時也是普京的勝利。普京終於按照民主制度站完自己在總統任上的最後一班崗，選擇好接班人，最後完美地一鞠躬下臺。儘管普京不會完全退出政壇，但俄羅斯終將以自己獨特的發展方式區別於現今各國盲從於全球化的不良趨勢，俄羅斯終於可以以自身的資源型經濟和民主價值向全球化公開挑戰。對於這一點，中國不應漠視，而要高聲附和，我們需要高智商面對來自西方負面宣傳的中國製造和奧運過度政治化的這些霸權思維。

　　過去的半個世紀以來，整個世界的格局完全受制於美蘇兩大陣營的冷戰對峙，美蘇兩國都投注相當大的力量在軍備競賽和國際輿論宣傳工作上面。蘇聯驟然瓦解，並沒有摧毀俄羅斯在國際舞臺上的實力。俄羅斯轉型期間，整個國家機器並沒有停止運作，

---

[31] 本文發表於《大公報》2008 年 3 月 8 日

只不過在蘇維埃的政治權力體制中蘇共的權力基礎由議會轉移到政府手中。1996 俄羅斯總統選舉後，俄羅斯的政治與經濟就在金融工業寡頭的操持之下動盪不安，俄羅斯人民看見的是既得利益分子如何結合政權在瓜分國家的資產。俄羅斯媒體在這個階段，成為其中的共同利益者。俄羅斯的媒體寡頭，控制媒體並且決定了總統人選以及主導了俄國總統大選的結果。

彼得一世基督教世主大教堂

政府控管法制化

普京政府執政時期，以建立一套符合俄羅斯發展利益的傳播體制為目的，俄羅斯新聞自由遭到限制成為國際關心俄羅斯未來政治發展道路的指標。如果俄羅斯再度回到蘇聯時期政治對立與

孤立的道路上來，勢必引起國際新的冷戰到來，不利於全球化發展，新的軍備競賽勢必剝奪人民福祉與經濟增長。俄羅斯在電信與傳媒產業匯流的新通訊時代，對於媒體的職能與發展有了更加嚴格的規定，也就是俄羅斯的新聞自由必須讓位於國家安全與國家利益，民族的尊嚴必須建立在嚴格限制俄羅斯媒體報導內容上面。相關的傳播法規對於涉及媒體報導的部分作出的限制，這樣做的目的是為了任何突發事件爆發時，政府都能夠找到法律依據來限制媒體的行為。

自蘇聯解體之後，俄羅斯媒體進入了前所未有的轉型階段。俄羅斯傳媒法以及其他傳播相關法規，構成了俄羅斯新聞體制的基本元素。俄羅斯傳播立法體系的建構可分為兩個階段在進行：

第一個階段是在葉利欽執政時期，這是俄羅斯媒體的轉型階段。1991 年 12 月 27 日由葉利欽總統簽署通過的俄羅斯聯邦法案有關於大眾傳播媒體法（簡稱傳媒法），是俄羅斯有史以來第一部關於媒體的專門法案，明文規定賦予俄羅斯境內大眾傳播自由的公民權利。此後俄羅斯媒體開始轉型。其特點是，商業化的媒體運作模式、金融工業集團的寡頭經營媒體及商營媒體，開始佔據了俄羅斯媒體發展的主流。一方面傳媒法象徵著媒體自由化的開始，另一方面自由化過程中伴隨而來的是媒體衝突與新聞箝制的問題。傳媒法中存在著有損記者權益與妨害新聞自由的條款，成為了日後俄政府控制新聞媒體的依據。

媒體寡頭遭通緝

第二個階段是在普京執政時期，打擊恐怖主義成為強國政策的核心，俄羅斯媒體回歸國家化，傳播法規成為媒體服務國家的穩定因素，新聞自由陷入了新的控管時期。普京發動了第二次車臣戰爭並且宣示打擊恐怖分子的決心，導致整個國家逐漸進入了政策縮緊的緊急狀態。普京執政後，媒體寡頭遭到政府通緝，媒體進入了國家化階段，此間傳媒法經過幾次修正，相關的傳播法規與條款也被修正調整，新聞自由面臨威脅。經過多年的各界爭議以及政府與議會的研議，2006 年 3 月 6 日，普京正式簽署俄羅斯聯邦法案關於打擊恐怖主義法（簡稱反恐法）。該法賦予軍隊武力攻擊、警調單位搜捕的權力，並且明文規定媒體報導可能涉及助長恐怖主義的具體操作項目，俄羅斯等於進入一種不具有正式名稱的戒嚴狀態。在科技匯流的時代中，從俄羅斯傳播的相關具體法規與政治現況，交叉分析探討俄羅斯新聞體制中的媒體立法特點，包括條款形成的各種政治、行政、經濟、社會、司法、外交、國際情勢等等背景因素，這些條款本身在俄羅斯現行環境下的意涵，以及傳播法規對俄羅斯媒體發展的影響，可以勾勒出俄羅斯傳播立法構成新聞體制的面貌以及俄羅斯媒體產業現況發展的藍圖。

新聞報導受限制

在全球化發展過程中，國家在如何發展本土產業與維護民族文化上再度發揮了作用。本土化議題以及全球化如何在地化成為吾人關心的議題。過去在冷戰時期，由於受到意識形態對立的影

響和對美國的依賴,如果說美國在全球化過程中為世人提供的技術、創意與新視野,那麼各個國別的特殊性就成為在全球化程中的重要參考依據。

隨著俄羅斯的再度崛起,俄羅斯研究成為國際課題中不可或缺的環節。俄羅斯媒體發展有其特殊性,這個特殊性對俄羅斯試圖建構新的國際體系有著關鍵作用。俄羅斯媒體所有權的爭鬥證明瞭俄羅斯要強國必須先要控制媒體。打擊恐怖主義又使得新聞報導受到了新的限制。俄羅斯在反恐這面大旗幟之下,國家受到了冷戰之後首次的新威權主義的侵襲。

中俄結盟可能性增強[32]

　　2007 年底美國和英國雜誌在年終總結中最集中的國家是中國和俄羅斯，這決不是一個偶然的現象。美國《時代》週刊推出特別策劃「俄羅斯和中國：共同的進程」；《新聞週刊》則把中國作為年底的大製作，年度人物為普京；英國《觀察家》發表題為《新世界格局威脅山姆大叔》的文章；《華爾街日報》也因為中國系列報導獲得 2007 年普利策國際報導獎。

列寧大街上的列寧像【Lenin, at Kaluzhskaya (formerly Oktyabrskaya) Ploshchad】

---

[32] 本文發表於《大公報》2008 年 2 月 13 日

加強戰略夥伴關係

　　這些新聞分析的共同特點是，西方已經意識到中國和俄羅斯的崛起已經成為事實，美國正在遇到了前所未有的困境，但俄羅斯現在要一直面對烏克蘭、高加索地區和中亞從獨聯體更加遊走的趨勢，而中國則要一直面對台灣問題。此時如何處理中俄關係問題應提上議事日程，是否要進一步加強加深戰略合作夥伴關係成為中俄專家思考的主要問題。

　　上海華東師範大學國際關係與地區研究院院長馮紹雷教授在「杜馬選舉與俄羅斯內外政策走向」研討會中就認為，中俄可以在現有的關係基礎上，進一步加強相當於盟友的外交關係，這種盟友關係大致分為口頭的和文字的，文字的也可以分為外交性的和最終軍事性的。所謂口頭性的大致為兩國領導人在外交場合或者會議中相互以盟友稱呼對方，這樣做的好處就是雙方沒有任何的負擔，而且對於西方產生震懾作用，不然西方對於中國和俄羅斯在戰略上的擠壓將會在 2008 年後達到一個新的高潮，比如俄羅斯在烏克蘭和北高加索地區的聯繫將會日益減弱，而中國為奧運會所做的各種努力，被各種非政府組織杯葛找碴。

雕塑品《挑水人》。瓷器，釉繪。1818年。皇家瓷器廠根據畫家 C•C•皮緬諾夫的模型製造。現收藏於國家歷史博物館

　　對於文字性的結盟關係將會被雙方討論，對此，來自武漢大學的劉再起教授也表示這種可行性較高，但這需要雙方進行更加深入的瞭解和化解歷史遺留問題、情感的過程。

　　地緣政治主義定義是大國力量的空間配置，大國政治在空間的配置，冷戰後北約的東擴，伊拉克戰爭，歐亞大陸內部合作成為態勢。老歐洲，崛起的俄羅斯、中國，伊拉克戰爭是最清晰的表述，美國不僅正在解決伊拉克問題，還深入中亞內部。美國對世界其他地方的整合已基本完成，問題主要在中亞、歐洲、東亞，這是美國和俄羅斯、中國合作的基礎。

仍要放開思想束縛

　　今後世界的國際爭端主要集中在：能源和兩種模式的資本主義，即自由資本主義和權威導向的資本主義。在俄羅斯的發展歷史中，只要一講民主，經濟就落後，而一講集權，經濟就上升。在歷史的長河中來看，俄羅斯一搞民主和市場經濟，就出問題。俄羅斯整個國土基本上都處於非常冷的條件下，經濟開發通常是超成本的，投入的資金很難用市場價格衡量，俄羅斯經濟發展經常是戰略外交的附屬品。俄羅斯研究當中的大問題就是市場對俄羅斯今後的發展是否有益處。

　　中國社會科學院俄羅斯東歐中亞研究所所長邢廣程研究員認為，俄現在出了開發西伯利亞綱領，他們非常重視，但反倒是沒有引起我們的關注，俄羅斯同時還希望多多加入西部開發和東北老工業基地振興的進程當中。中俄在未來十年間更進一步加強相互的關係並不是沒有可能，主要是相關的研究者需要放開思想的束縛。

1789 年的莫斯科國立大學，紅色建築現在為亞非學院，旁邊的為新聞系所在地

俄媒體「第四權」作用終結[33]

俄羅斯對新聞自由的限制，從對媒體體制的改革開始，再到對新聞內容規定作出法律要求；普京的媒體改革，從限制新聞體制進入到新聞內容的箝制階段。於是乎新聞自由正式進入「第四權」終結時代。

俄羅斯政權在俄羅斯人的屏氣凝神當中再度和平轉移了！近來各國媒體以及俄羅斯本國的媒體再度對普京是否回鍋擔任政府總理十分關注。「雙核體制」儼然就要成型，可見普京的影響力終究是巨大的。不久前，俄羅斯政治基金主席、俄羅斯聯邦社會院成員尼科諾夫向俄新社記者表示：普京的支持對梅德韋傑夫贏得總統大選起了決定性作用。

在總統大選中，候選人梅德韋傑夫在第一輪選舉中以 70.23% 得票率獲勝。俄羅斯媒體對普京順利將政權交到自己接班人的手中起到了關鍵作用。而普京對媒體的改革和控管，卻又是在恐怖主義猖獗的環境下進行的。自蘇聯解體之後，對於俄羅斯強國道路的實現而言，車臣民族分離主義和與其相關的恐怖事件，是攸關俄羅斯政權是否能夠和平轉移以及俄羅斯是否會面臨像蘇聯一樣瓦解命運的致命威脅。對此，從西方推動的北約東擴和對車臣叛軍的接觸看來，足以證明西方國家對俄羅斯存在的弱點是有深刻了解認識的。

---

[33] 本文發表於《大公報》2008 年 4 月 21 日

言論自由逐漸減弱

　　普京總統在其第一任期內，政府與媒體之間維持了一種媒體國家化與自由化路線之爭，媒體尚保留著新聞自由中的言論自由。然而言論自由軌跡的逐漸減弱有一段發展的時期。從 1999年 8、9 兩個月，莫斯科市地鐵爆炸事件和公寓爆炸成廢墟事件，一直到 2002 年杜伯羅夫劇院人質事件，再到 2004 年的別斯蘭學校人質事件的逐漸升溫，都是在普京任內發生的恐怖活動，因此，反恐是普京執政過程中的最大任務。而兩次人質事件的爆發使俄羅斯新聞自由從普京上任的爭權時期過渡到蟄伏時期。繼之，2006年 3 月 6 日反恐法通過之後，新聞內容的報道規範受四項法案的嚴格限制：緊急狀況法、戰爭法、極端主義法和反恐法。俄羅斯對新聞自由的限制，從對媒體體制的改革開始，再到對新聞內容規定作出法律要求；普京的媒體改革，從限制新聞體制進入到新聞內容的箝制階段。於是乎新聞自由正式進入「第四權」終結時代。

　　如果說反恐是為了塑造穩定安全的空間環境，那麼，梅德韋傑夫接掌總統大位之後的重點就是經濟改革。在俄羅斯意識形態的空窗時期或是意識形態發展醞釀階段，普京對人民承諾提高生活水準和改善經濟條件就是重點。普京樸實不帶花俏的承諾和作為，使得俄羅斯公民多數願意相信他，這使得選舉過程中沒有什麼激情產生，俄羅斯公民以投票支持普京推薦的接班人來認同普京的決策。俄羅斯媒體認為這是普京和梅德韋傑夫共治時代的來臨。

為政權和平轉移護航

俄羅斯《總結》雜誌在 2008 年第 10 期，刊登了對俄羅斯工業家與企業家聯合會主席紹欣的訪問，採訪者帕夫洛夫斯基說，普京和梅德韋傑夫「雙核體制」內，要推動落實司法改革、稅務改革、退休金保障改革。3 月 5 日的《消息報》則側重分析梅德韋傑夫的施政綱領，該報撰文說，梅德韋傑夫把自己執政的主要工作方向確定為四個「I」：體制（Institute）、創新（Innovasion）、投資（Investment）和基礎建設（Infrastructure）。而與媒體有關的是另兩個「I」：意識形態（Ideology）—梅德韋傑夫在施政綱領中提出的理想主義，建築在自由、公正和人類的尊嚴之上，而實用主義原則是與之相悖的。而叢林法則、所有人同所有人的戰爭—這就是當今國際法的最高境界。形象（Image）也是軟實力的一個組成部分，媒體要為國家形象擔負起重塑的工作。

俄羅斯這個世界面積最大、卻是恐怖災難頻發的國家，這是在西方先進發達國家當中相當罕見的。俄羅斯的現況和西方已經站在不一樣的水平上而利益相侵、漸行漸遠了！

相較於西方媒體在俄羅斯大選之前舖天蓋地揣測普京是否可能修改憲法自行延任的喧騰報導，俄羅斯媒體卻沒有對普京在選舉中可能有的延任動作進行任何的揣測評論。因此，梅德韋傑夫在幾乎毫無懸念的情況之下，第一輪就以大幅超過半數以上的得票率當選為俄羅斯第三任總統。顯然，俄羅斯選舉的冷基調，與媒體保持一定的自律和緘默是有直接關係的。普京的媒體改革與控管對俄羅斯政權成功轉移到自己選中的接班人手中，證明產生了明顯的成果。

從葉利欽總統為普京成功打造總統之路（當時第二次車臣戰爭爆發，葉利欽宣布提前退位承擔起某種政治上的責任，普京繼任為代理總統，相當被看好的前總理普利馬科夫與莫斯科市長盧日科夫這組超級人馬宣布退出總統選舉，支持普京打車臣戰爭），再到普京總統為梅德韋傑夫選上總統鋪平道路，從這兩場跨時空的總統大選看來，甚至當中包括一次普京自己的成功連任，要求媒體自律產生了決定性的影響。

新聞控管三分天下

俄羅斯媒體控管的三頭馬車是總統（政府）、媒體管理機構、國家安全委員會（KGB）。

普京執政之後很巧妙地控制了三頭馬車的運行，在葉利欽總統時期，電視以醜聞來提升收視率的情況已經不出現了，醜化重要政治人物的節目也無法取得生存的空間。若媒體國家化是政府體制改革的重要核心要素，那麼對突發事件、極端主義、車臣戰爭和恐怖活動報道的條文限制就是針對新聞內容的箝制而制定的法律環境。兩次人質事件加速了從媒體體制控管時代進入危機新聞控管的時代。

俄羅斯右派黨魁、自由經濟學家蘋果黨主席雅夫林斯基聲稱，在別斯蘭人質事件之後，人質事件給普京提供了擴大車臣戰爭和箝制新聞自由的合理性。2002 年，媒體在劇院人質事件之後宣布新聞自律，普京不滿媒體的報道而制定媒體修正案，內容是規定任何可能助長恐怖行為的報道都要禁止，在媒體高層和普京正式公開會談之後，普京否決了杜馬快速三讀通過的媒體修正案，媒體的妥協代價就是制定新聞自律條款並且嚴格遵守公約。

　　2004年別斯蘭人質事件之後，媒體落實自律公約。俄記協聲稱：「公民人權當中的生命安全優先於新聞自由」，這個思路脈絡就是：新聞不能影響到政府救援，新聞對危機事件報道中關於恐怖行為者或是受難者家屬的採訪都因為會妨礙到政府救援而不被允許。這一條款最終落在反恐法當中訴諸於法律條文。至此，俄羅斯媒體關於監督政府濫權的所謂「第四權」制衡機制正式宣告終結。

中國大陸篇

中西新聞觀視角衝撞[1]

　　《紐約時報》於 2004 年 10 月 13 日在國際亞太新聞版刊登了一篇題為《China Crushes Peasant Protest,Turning 3 Friends Into Enemies》（中國鎮壓農民抗議，離間 3 友人反目成仇）的長文。若從比較中美新聞寫作技巧、政治傾向、新聞的客觀性以及媒體的宣傳職能等方面來分析探討，我們會發現《紐約時報》仍習慣以中國政權損害人權的視角來看待中國的內政問題，不過這樣只能讓中國媒體人繼續持美國妖魔化中國的對立觀點來回應美國媒體，這將不利於兩國人民建立友好互信的關係；反觀中國媒體人看待《紐約時報》時，帶著一種中國的民族情感結合媒體宣傳職能所構成的反美情緒也是比較濃厚的。然而，中國在相對缺乏成熟完整的傳媒法律機制的環境之下，資訊流通的不對稱妨礙了雙邊國家內容共用與交流的原則。

街頭報欄

中美根本利益不同

　　就《紐約時報》這篇農民報導而言，中國媒體人之所以形成對美反感的原因，大抵包括：《紐約時報》寫作的詆毀性語言甚多、該篇文章與中國農民調查報告內容重疊性太高引起中國讀者對該報導的客觀性存疑、中美兩國意識型態長期對立，以及中國媒體宣傳職能理論框架僵硬化等問題，皆導致了中國媒體人對於美國精英報紙過於偏激報導中國內政問題的不良感官。中國媒體精英，一方面想著要捍衛黨和國家的尊嚴與利益，因為這是中國新聞理論的核心；另一方面又希望中國新聞報導能夠更有效反映民情、為民喉舌，總體希望加強中國媒體扮演社會公共論壇的角色。同樣地，若從新聞客觀性出發，美國精英大報《紐約時報》對中國共黨政權形象的負面設定卻也引發了中國媒體人對這份擁有一百五十年大報的權威地位不敢苟同。

　　平心而論，若從媒體的工具論來看，中美根本利益不同是關鍵因素。兩國各自的精英媒體都在發揮影響政府決策與爭取輿論認同的政治作用。中國不完全開放的媒介環境也是影響中國媒體和受眾仍

中國大陸人民廣播電

習慣以冷戰思維的意識型態模式中敵我設防的眼光來審視雙邊政策。這裡面的關鍵問題就是缺乏有效資訊流通的渠道。目前中國受眾對媒體接近權的使用仍沒有被放在議事日程當中，他們對政治議題的參與性多半停留在人際傳播當中，實際上，受眾、媒體與政府的傳輸管道尚未建立成型。如此一來，新聞職能如果不能協調黨的喉舌與人民喉舌的立場，媒體樞紐功能就不能很好地發揮。雖然在中國電視、廣播、報刊等大眾媒體數量不算少，再加上民眾使用手機和因特網等傳播工具在城市中也相當普遍，那麼，資訊流通怎麼還會出現障礙呢？問題就在於城市與農村以及境內與境外資訊相互不對稱，中國與外國都是在有限的資訊下看待對方的國家問題，境內資訊也會因為在政治正確的前提下，無法站在多元立場上完整地呈現多層面的真相實情，這使得中國媒介組織內外傳播環境的資訊都無法完成上下有效地流通。

雙邊缺乏資訊共用原則

《紐約時報》這篇農村報導是將中國共產政權與農民利益對立起來，這讓中國讀者比較難以完全接受。《紐約時報》似乎缺乏真正意義上的中國專家記者。同樣地，中國也缺乏國際新聞傳播方面的人才。哈佛大學費正清研究中心中國專家傅高儀曾經表示，美國在能夠較多地接觸中國媒體之後，才比以前更能夠正確判斷中國問題。這段話基本反映了資訊不對稱問題也出現在美國與中國之間。因此筆者認為，雙邊相互瞭解對方的真正國際新聞人才的匱乏妨礙了中美兩國政府與百姓進行正常的交流與對話。簡言之，就是中美雙邊仍缺乏資訊共用原則。

中國大陸北京廣播電視發射塔

　　關於社會衝突與傳播的問題，美國早期傳播學者 Harold Lasswell，曾任美國國會圖書館戰時傳播研究委員會主任，他在《社會傳播的結構與功能》一文中提及：「意識型態只是任何特定社會之神話的一部分，還會有與主流學說、準則和道德相對立的『反意識型態』。今天，世界政治的權力結構深受意識型態衝突和美蘇兩大國的影響，兩國統治者都將對方視作潛在敵人。……在這種情形之下，各方統治集團都非常警惕對方，並把傳播作為保持實力的手段之一，……傳播還積極被用在同對方受眾建立關係上。……同時統治者盡可能對政策問題採取安全防範措施，加強統治階級意識型態與控制對立思想。……如果真實不被共用，那麼統治當局更關注的是內部衝突，而非外部環境的協調。」Lasswell 的結語是「在民主社會中，合理的選擇取決於教養，而教養又取

決於傳播，尤其取決於領導者、專家與普通百姓之間能有相同的注意內容。」Lasswell 的觀點基本上仍道出了中美兩國媒體在面對國家根本利益衝突時，仍存在的同等內容資訊傳播障礙的問題；而外部敵人的豎立是為瞭解決內部資訊與資源不平衡的矛盾。

中國應建立傳媒法制

中國資訊在不完全流通的情況之下，媒體人自身怎麼做到輿情上傳的作用？媒體的所有權與編輯權分屬怎麼有利於資訊的流通？新聞法機制要怎麼建立，一方面怎麼賦予記者權利進行深入採訪而不被刁難；另一方面如何保障記者傳達輿情的專業積極性，讓他們不因政治正確而被革職，做到真正意義上的公正客觀，從而建立民眾對記者與新聞報導的信任感。

由於中國媒體長期片面解釋蘇聯解體原因之一就是媒體自由化導引的，這個觀點讓中國政治精英憂慮，要是媒體亂了起來怎麼收拾？然而，一味地新聞管制又不符合當前中國媒體在全球化經濟中的社會地位和經濟利益。不論在中國、西方民主國家或是俄羅斯，關鍵方案之一就在於法制環境的建構，形成政府、媒體與公眾互動的法制環境，這是一個重要的長期工程。現在中國媒體社會功能不張的主因，就是媒體人缺乏真正意義上的第四權，因此，中國要如何在理論與實務上建立第四權的法制環境是刻不容緩的問題。新聞法制結構又涉及憲政結構，新聞法不能單從政府立場出發，新聞法的主體成員還要包含媒體、社會組織、一般公民的權利在這個傳播鏈的體系當中。唯有規範與保障各種公民在傳播行為中的權利才能活化資訊的流通，這時媒體的公共論壇與傳播樞紐功能才能相對有效地發揮出來。

災難新聞應具人道關懷[2]

當日的空難報導中，以新華社的報導相對及時與多面。反觀在中國擁有 12 億收視人口和 3.4 億收視用戶的電視觀眾，在直至當晚的新聞報導中，僅能得到中央電視台播報員簡單幾句按照新華社新聞稿所做出的新聞台詞，這令人感覺到電視台在災難性新聞中缺乏對民眾關心議題的人道關懷。相關政府領導也沒有親自出面向全國電視觀眾說明事故的原由，這等於拉遠了官員和民眾之間的溝通距離，顯示政府危機處理的新聞機制也是相對滯後的。

現在已經沒有多少人還懷疑氣候變化不是人為引起的。即使全球變暖的影響依然處於預測範圍的最良性階段，但在可以預見的將來，它肯定是一場空前的災難。

---

[2] 本文發表於《大公報》2004 年 11 月 29 日

　　11 月 21 日，在中國內蒙古包頭市發生了一起空難事故。一架東航雲南公司飛航班次 MU5210 由包頭飛往上海的 CRJ-200 型飛機，在 8 時 21 分從包頭機場起飛一分鐘後無預警地墜毀，截至 17 時 10 分左右，機上乘客 47 人、機組 6 人、地面人員 1 人的一共 54 人全部不幸罹難，遺體殘骸也已找到。然而，從人道關懷角度出發，關於在空難中罹難者的名單、死者家屬的聯繫、當局安排家屬認屍的執行工作、民航應有的責任賠償，以及旅客應如何購買飛安保險等等民眾所關心的切身議題，在當天的新聞中還是顯得相當不足。整體而言，災難新聞對民眾的貼近性與切身性沒有被體現出來。

12 月 21 日，國家安監局、監察部通報東航包頭空難事故調查處理結果。東航董事長等 12 名責任人分別受到黨紀、政紀處分。事故原因由於飛機機翼污染，導致起飛後出現失速直至墜毀。2004 年 11 月 21 日，東航執行包頭飛往上海的 MU5210 航班，在包頭機場附近墜毀，55 人遇難（圖片來源為搜狐新聞網）

新華社報導獨撐場面

在當日的空難報導中，以新華社的報導相對及時與多面。反觀在中國擁有 12 億收視人口和 3.4 億收視用戶的電視觀眾，在直至當晚的新聞報導中，僅能得到中央電視台播報員簡單幾句按照新華社新聞稿所做出統稿的新聞台詞，螢幕上只有出現幾位領導人組成調查小組和打撈者工作的短暫畫面，這令人感覺到電視台在災難性新聞中缺乏對民眾關心議題的人道關懷報導。此外，相關政府領導也沒有親自出面向全國電視觀眾說明事故的原由，這等於拉遠了官員和民眾之間的溝通距離，顯示政府危機處理的新聞機制也是相對滯後的。令人擔憂的是，媒體人經常會擔心大量災難性報導是否會造成政府形象的傷害或是影響民航的信譽，其實問題在於災難性報導本身就是負面的，報導數量的多少並不會減少人們心中的陰雲，這種站在政府的政治與經濟利益的考量而非站在服務民眾角度的出發點是多此一舉的，會使得中國傳媒在整體空難報導中給人以冷漠刻板的印象，也勾起民眾以前對搭乘民航時遭遇到所有不愉快的回憶，勢必也會導致社會大眾對諸如此類的災難事故產生一種社會冷漠的態度，最後所有出現不好後果也將由政府買單。再者，由於媒體與政府間缺乏「危機處理」中心的平臺和機制，這終將會弱化民眾對政府處理危機事故的檢視能力和喪失對媒體獨立自主性的信任觀感，並且將妨礙社會本身組織對罹難者家屬的人道關懷與救助行動。

俄羅斯跨高加索公路因遭遇雪崩被封（圖片來源為俄新社新聞網）

在 21 日中國傳媒對包頭空難事故的報導中，屬新華社的報導最為及時與多面，但報導題材顯然也有深度與寬度不足的問題，不過在許多方面仍體現出它的專業性：包括對飛機機型與出產公司的介紹，以及該類型飛機在中國使用的情況，但缺乏對墜毀飛機服役年限與維修狀況的報導；對包頭機場接待罹難者家屬的報導，但缺乏對家屬名單以及家屬是否提出瞭解事故情況要求的相關報導；對調查小組工作的報導，但缺乏報導調查組匯報的內容為何；對東航採取措施的報導，但缺乏東航對事故可能產生的原因以及對罹難者家屬慰問賠償的報導；雖有關於失事地點的報導，但缺乏對現場環境是否造成失事原因的詳細描述。

總體而言，新華社報導雖然面面都提到，卻件件都不詳盡。這樣隔靴搔癢的簡短報導，只能讓受眾產生這樣的感受：就是媒體都有在報導，政府也有在處理，但是受眾卻無法進一步瞭解整個事件的各種資訊。囿於受眾不可能親自跑去事故的現場，受眾

在這裡只能仰賴傳媒的報導，倘若沒有深入的報導，公眾根本無法放心將來各種災難發生在自己身上時會有怎樣的悲慘處境，傳媒的失職勢必深化社會的隔閡。反觀在 SARS 期間，傳媒在緘默了 3 個月後，不也體認到其在社會中扮演資訊傳播者與社會團結力量的黏合劑角色。

電視傳媒失語顯社會冷漠

電視傳媒對罹難者的名單、死者家屬的聯繫、當局安排家屬認屍工作、民航責任賠償，以及旅客應如何購買飛安保險等議題的失語現象，只會讓民眾看到政府根本不太關心一旦人民遇難之後的善後問題，這恰恰是政府與媒體在刻意壓縮新聞量之後所不樂見的反應，但是媒體報導與政府本身若不先從人道角度出發，反而會產生這樣的結果。災難性新聞雖然要謹慎處理畫面，包括避免出現血腥的鏡頭、煽動的背景配樂或刺激家屬的言詞，但是這不意味著可以完全沒有現場的採訪報導。縱然災難是負面的事情，但是媒體之所以在大眾生活中扮演不可或缺的角色，其

中新社中的報導

魅力所在就是傳媒本身對於社會成員之間的聯繫，其中一項就是患難與共的情感聯繫，成功的新聞報導可以喚起人們情感的凝聚，這時媒體的災難性新聞是具有正面的社會價值的。

電視傳媒的失語，一方面使得民眾對電視台專業性感到失望，另一方面顯示政府滯後的危機處理作為，這勢必也將會減弱政府當局在人民心目中的威信。與此同時，由於電視傳媒報導沒有切入核心，事故的發生也很難引起相關單位或其他公益組織投入協助的社會效益，結果只會導致社會民眾對各種災難的漠不關心，這種事不關己的冷漠態度會感染整個社會，讓人民感覺到人生的無望與麻木，缺乏溫情氛圍的社會只會令民眾厭倦這種生活環境，人人抱持著自私自利的功利心態處世，此時傳媒的社會聯繫功能並沒有真正地發生作用。在空難發生當日，政府高層領導與相關單位應該透過電視向對罹難者家屬和全國民眾發表哀悼慰問之意，並親自責成救難工作的完成，這可以減低罹難者家屬和其他社會大眾的擔憂情緒。畢竟人們仍習慣「眼見為實」的感受，電視台所具有的臨場優勢在這裡並沒有得到體現。

缺乏危機處理的新聞機制

政府和媒體應各司其職並且相互合作，兩者之間應當成立一個「危機處理中心」作為應變突發事件的聯絡平臺和運行機制。這樣一來，可以避免政府危機處理的應變能力的不到位以及媒體對突發事件報導的措手不及的窘境。政府可以利用「危機處理中心」直接指揮參與採訪報導的媒體，並且還可以提供電視媒體轉播畫面所需的衛星設備，中心的新聞稿件可以直接提供給各家媒

體，使突發新聞更具有實時性、針對性和真實性。因此，政府站在新聞發布的權威者立場上，應當確保新聞發布的實時性和準確性；同時對於媒體報導的錯誤可以立即指出與糾正，而不是限制媒體報導或是對錯誤新聞進行懲罰；此外公平對待在傳播環境中的各種媒體，適度開放地方媒體與中央媒體的競爭條件。相對地，媒體在報導上也要全面與平衡，照顧到各種資訊的需求者，對災難事件進行全方位的報導與分析，充分發揮媒體公共領域的功能，唯有如此，媒體的新聞報導才具有社會價值。

新聞觀與國家利益碰撞[3]

中國「入世」之後，關於傳媒產業的雙重屬性問題的爭論一直沒有停止過。在市場經濟的體系中，傳媒業被世界貿易組織定位為一種產業。然而，傳媒業如何保留意識形態的完整性服務仍是中國政府最為關切的核心問題。對於新聞價值思想觀的不同的認識與多元化的理解，在中國「入世」之後就被凸顯出來，這也是媒體與政府雙方潛意識當中最為敏感的部分。

中國「入世」之後，關於傳媒產業的雙重屬性問題的爭論一直沒有停止過。在市場經濟的體系中，傳媒業被世界貿易組織定位為一種產業，然而，傳媒業如何保留意識形態的完整性服務仍是中國政府最為關切的核心問題。對於新聞價值思想觀的不同的認識與多元化的理解，在中國「入

史匹堡辭北京奧運藝術顧問職務，中國媒體、網民群起攻之。

---

[3] 本文發表於《大公報》2005 年 1 月 3 日

世」之後就被凸顯出來，這也是媒體與政府雙方潛意識當中最為敏感的部分。

對此，筆者曾多次聽過童兵教授的演講。他認為如果能再次理解「新聞價值」、「新聞價值觀」、「新聞的價值」三大問題，應該有利於新聞工作者、新聞學習者、或是新聞研究者再次思考中國新聞價值思想的定位問題。此外，李良榮教授也根據媒體的雙重特點而提出過媒體「雙軌制」的觀點。作為事業單位，傳媒產業所有權屬於黨政機關，是接受上級領導的準行政單位；作為企業，傳媒必須依法納稅，自負盈虧。童兵教授同時認為，事業指的是一種公共事業，所以，政府必須對公共事業提供資金上的扶持；但是媒體又必須成為一種有經濟效益的資本產業。因此，許多媒體對於這種雙重屬性叫苦連天。中國政府堅持這種雙軌體制應當是一種轉型期的過渡。例如，前蘇聯媒體在西方資本進入之後，意識形態的問題首先被西方國家佔領，這使得像是俄羅斯政府在上世紀九十年代一直受到商業媒體的牽制而處於被動地位。因此，中國政府是否信任媒體自行能夠拿捏新聞價值與國家利益的關聯性是核心問題。

新聞價值維持各方關係

童兵教授在許多演講中都特別強調，新聞價值思想觀對中國「入世」之後在媒體全球化這個大的戰略環境之下的重要性。他首先提出「新聞價值」的問題。何謂「新聞價值」呢？西方新聞界很早就提出了事件的「時間性」、「接近性」、「顯要性」、「重要性」和「人情味」作為構成「新聞價值」的五個組成要素。

到目前為止，中國新聞學術界對「新聞價值」的概念還有很多爭論。這些爭論基本上可以歸納為兩類：一種看法認為，「新聞價值」是選擇與衡量新聞的標準；另一種看法則持相反論點認為，「新聞價值」只是事實內部含有的使其能形成新聞的因素。前者指的是主觀的尺度；後者指的是一種客觀存在的東西。那麼，哪一種較為符合「新聞價值」的本質呢？

中共中央總書記胡錦濤對於媒體的題字

誠然，記者和讀者是決定「新聞價值」的兩個重要角色。記者首先面對事實，因此記者首先要根據自己對事實的不同評價，去選擇和衡量事實，然後將它們寫成新聞。然而，讀者面對的是新聞，讀者會根據自己的興趣和需求，去選擇和評述記者的報導。童兵教授認為，往往由於不同的政黨、階級、地域、時代，以及不同的報刊和記者，使得衡量「新聞價值」的標準變得難以捉摸。所以，童兵教授不同意把「新聞價值」解釋為記者衡量新聞的標準，比較傾向於把「新聞價值」看作事實內含「客觀存在」的因素及這些因素多寡的程度。

據此，新聞是記者和讀者之間聯繫與溝通的橋樑。因此，新聞正在發揮著影響讀者看待世界的思維和視角。不過，由於相同的事件可能有不同的報導角度，讀者仍有機會結合自身的切身處境，將他們認為事實內部組成因素的程度反饋給新聞報導者，去影響記者衡量與選擇事實本身的程度或標準。因此，中國媒體在定義主流媒體時一定是以讀者的角度為出發點，讀者真正接受的媒體才是未來能夠生存的媒體。「新聞價值」一般會被看作是維持讀者、記者與政府關係的紐帶。

新聞價值觀源於主觀意識

人們對於「新聞價值」的認識已經不是客觀的，而是主觀上的「意識形態」的產物。因此，事實客觀存在構成的「新聞價值」，必須與「主觀存在」的「意識形態」區分開來。所以，童兵定義「新聞價值觀」是：人們確認新聞事實、判斷該事實含有新聞信息量的尺度，它表明了人們認識新聞事實的過程和結果。童兵教授進一步說到了提出「新聞價值觀」的理由。作為新聞因素，資產階級提出構成「新聞價值」的五大要素，這對於無產階級的新聞事業有絕對參考和借鑑的價值和意義。但是，在「新聞價值觀」上，資產階級和無產階級畢竟有意識形態和政治制度上的區隔。美蘇冷戰可以視為意識形態影響新聞操作最為明顯的時期。

2004 年 2 月 6 日，《南方週末》對於弱勢族群的報導

筆者也發現，隨著當前中西政治制度與經濟體制逐步交融與發展的結果，中國新聞界對於西方資產階級中強調的「新聞價值」已經融入到「新聞價值觀」裡面去。不過，這種中西「新聞價值觀」的碰撞也影響到「新聞價值」取向的碰撞。尤其是國際新聞的報導，經常由於國家之間利益的不同，一種主觀性的「新聞價值觀」便會凌駕在客觀的「新聞價值」之上。因此，國際新聞的主觀性經常反映國內政治的需求。比如，各國新聞報導對布希單邊主義推動的反彈，此時，已經反映「新聞價值觀」的重要性已經超過了「新聞價值」本身，這是意識形態運作的結果。所以，童兵教授提出「新聞價值觀」與「新聞價值」的區隔性是有益於正確新聞視聽方向的！

中國大陸媒體首次刊登領導人漫畫中國國家主席胡錦濤，首次在中國國內當上政治漫畫主角。2006年9月13日廣州《新快報》昨日刊出一幅胡錦濤熱淚盈眶漫畫圖片。該幅漫畫頓時成為中國傳媒，觀察輿論開放氣氛的風向球。

新聞價值來自讀者認同

不過，對於有些人試圖用價值學說來理解「新聞價值」，亦即認為新聞是通過交換價值得以實現的，所以「新聞價值」是只有寫成的新聞才具備，也就是不被報導的事實是沒有新聞價值的。童兵教授並不同意這種簡單的價值交換說。因為，「新聞價值」是事實客觀內部含有的因素，不管事實是否被記者報導，都不能否認事實客觀的存在。所以，根據此一觀點，「新聞價值觀」可以影響記者主觀上如何看待「新聞價值」的角度。不論是「新聞價值」還是「新聞價值觀」，都體現了記者與事實之間的關係。因此，童兵教授最後提出「新聞的價值」的觀點。「新聞的價值」指的是社會大眾的反響程度。作為新聞工作者，是不能任意去提高「新聞價值」的內部客觀因素，但是可以通過自身專業能力的提升，去挖掘含有各種「新聞價值」的事實呈現給讀者，「新聞價值觀」的主觀認定，也必須隨著時代潮流的嬗變，與時俱進，進而增進新聞在讀者心目中的含金量，爭取讀者的認同，唯有讀者認同的新聞才具有「新聞的價值」。

農村報可監督村級政府[4]

農村中的傳播問題其實非常簡單，就是政府如何與農民進行直接有效溝通，尤其在中國進行西部開發與人口輸出的問題上。在農村傳媒中農村報不存在無效發行問題，因為城市報紙的發行主要是以廣告為基礎的，經濟落後的地方是資訊不發達地區，此時農民報並不存在高端讀者的問題，它比較好宣揚社會的正義感。

隨著中國經濟迅速發展，中國城市居民的生活水準得到普遍的提高，但與此同時中國的三農問題卻逐漸浮上臺面。中國三農問題現在主要呈現在兩個方面：例如前一階段在廣東地區出現的農民工荒的問題，然後是農村中出現比較頻繁的農民抗爭活動。筆者認為這兩個問題的關鍵是地方政府對於現存的農民問題沒有長遠規劃所導致的結果，地方政府只熟悉農業的發展，現在我們需要借助於專門報導農民問題的專業媒體來監督農村與城市間所出現的農民問題。

---

[4] 本文發表於《大公報》2005 年 2 月 17 日

花鄉民居成為棄地農民的聚居區，大批成都村民被要求放棄
宅基地進入城市社區生活。

　　我們的學者經常討論中國的政治改革已經大大滯後於經濟發
展的問題。但事實上，只要深入瞭解一下中國社會的現狀就會很
容易發現，比政治改革更為緊迫的其實是農村改革。在中國社
會的發展過程中，農村、農業和農民問題，也就是所謂「三農
問題」的重要性可謂首屈一指，但受到重視的程度、所投入的
精力和資源，卻不成比例。究其主要原因，第一，農村問題太
複雜，一般急功近利和好大喜功的官員知道在短時間內難以做
出政績，因而避難就易，避重就輕，做到無過便是功；第二，
農民無法通過正常的渠道發出自己的聲音，表達自己的訴求，
維護自己的權益。其結果是，各種問題不斷累積，一有時機就
爆發出來，並且動輒就是數萬人，甚至是數十萬人參加的大規
模抗爭行動。

三農問題需專業報導

最近《南方農村報》總編輯謝開育應筆者邀請做題為《南方農村報價值取向》的報告。對於農村中存在的「農民工荒」問題，謝總編認為其實在中國並不存在所謂「農民工荒」的問題。問題的實質在於，中國的貿易進入 WTO 框架後，位於中國沿海地區的產業開始全面升級，而產業升級之後，企業主要缺乏技術性工人。珠三角、閩東南、浙東南等加工製造業聚集地區，估計缺工達 10%，僅珠三角即有近 200 萬人的缺口。形成「農民工荒」問題的主要原因在於，中國西部的農民認為一旦土地並不是他們改善生活的工具時，到東部沿海地區工作便成為了他們致富的主旋律，與此同時，西部地區的政府並沒有對於當地準備外出務工的農民工進行必要的職前培訓。在廣東地區的企業還在進行一些初級加工產業時，西部地區政府不聞不問的態度還算過得去，但在中國加入世界貿易組織之後的這三年期間，廣東地區的產業普遍都進行了升級，這樣廣東地區就出現了所謂的「農民工荒」，實際上廣東缺少的是有一定技術的農民工。

第二個問題發生的實質性原因在於，中國村鄉鎮一級的行政領導還在用老的方式來領導已經變化的農民。在鄧小平首先推動農業改革之後，農民不僅獲得了空前的自由，而且還通過勤勞致富相對地改善了自己的社會地位。在城市改革啟動之前，廣大的農村地區成為一片「希望的田野」。進入九十年代之後，中國的農村改革開始出現瓶頸狀態，直到最後基本上停擺。隨著農村人均耕地的減少，農民數量也在逐年減少，以農業為主業的農民在七十年代為 70%，現在為 40%。據統計，工業生產總值每增長一個百分點，就有 126 萬農民退出農業。2000 年，4.99 億農民成為

農民工。廣東 1/4 為農民，共有二千多萬，非城鎮人口佔總人口45%，儘管廣東省部分地區已經開始宣佈城市中的農民全面轉變為城市戶口，但廣東的城市所包含的人口已經接近城市的飽和值。這是問題的關鍵，變為城市戶口的農民並不能夠得到全面的醫療保障。

科員段小軍被成都市教育局下派到帽頂村任書記，發展當地經濟。

媒體監督宣揚正義

我們的管理部門經常以城市的觀點來看待農村所出現的問題。當沙士發生時，只有《南方農村報》一家報紙開始關注果子狸飼養戶後期的補償問題。現在中國農民報全國性主要有省級 16家，除浙江上海外，其他皆為各省日報的子報。

上世紀八十年代後期，由於整個國家的生產糧食基本處於過剩的狀態，農民種糧開始虧損，而農民的財富開始集中在一小部

分人的手裡，農村成為最後一塊可以掘金的蛋糕，如農村的土地問題，中央為承包土地 30 年不變，但某些農村用地已經開始變更用途。廣東農業龍頭企業一千一百多家，省一級七百家，大部分的企業則處於虧損狀態，傳統的農村開始變化，整體的農村市場開始變小，以種植養殖大戶為特色的新型農業經濟結構開始成為新的亮點，這使得農村內部開始產生了表面的市場需求。現在農民報紙主要以這些人為主要的廣告客戶，農村媒體並沒有照顧到農村中的弱勢族群。如果地方政府開始培訓這些弱勢族群，那麼，這同樣會減少城市中企業對於農民工的壓榨。表面上看農民工的不滿主要還集中在企業的方面，但問題最終還是要中央政府要概括承受所有企業與地方政府所犯的錯誤。

農民問題永遠是社會主義國家最根本的問題。前蘇聯的歷任領導人對於農村的改革基本上是失敗的，只有列寧最後的改革取得了一半的成功。農村中富人與精英參政並不能根本解決農村問題。農村中的傳播問題其實非常簡單，就是政府如何與農民進行直接有效溝通，尤其在中國進行西部開發與人口輸出的

中國大陸最大的農村媒體

問題上。在農村傳媒中農村報不存在無效發行問題，因為城市報紙的發行主要是以廣告為基礎的，經濟落後的地方是資訊的不發達地區，此時農民報並不存在高端讀者的問題，它比較好宣揚社會的正義感。

改善地方政府短視行為

美國大選中布希正是在中部農場主的支持下，獲得全面的勝利，可見農民問題的重要性。中國在農村中必須培養自己的精英階層。農民中的精英應當並不只是限於種植、養殖大戶，而應當更加重視農村中的正直農民。在中國改革 20 年的經驗顯示，農村是經濟與政治改革的先鋒，這一點恰恰是城市做不到的，因此我們要善待農村的農民。城鄉統籌與反哺農業這是城市必經的贖罪行為，但這並沒有解決事情的基本點，中國官僚體制的現狀要照顧農民本身出現的困境。農民媒體應當專門為農民服務、為農業服務。農民工將以何種面貌進入城市，以及農民如何自己租種的土地，中國主流媒體幾乎沒有深入報導。農村的發展需要專業的農村媒體來監督地方政府的基本運作，這樣才會基本解決地方政府的短視行為，並使農村成為中國二十一世紀改革的助力。

從滬 BBC 節目看內地自由[5]

英國廣播公司（BBC）是老牌的電台，它的立場觀點向來都偏袒英國的利益，這是他們認為理所當然的事。不過，隨著中國在國際事務上所扮演的角色不斷趨重要，BBC 當然也不得不承認這種鐵的事實，並且決定在上海舉辦其招牌節目「提問之際」（Question Time）。

公開辯論直接對話

BBC 這個收聽率很高的節目「提問之際」，是時事辯論的專題節目，很受聽眾的歡迎。「提問之際」不但在英國各地巡迴製作，也在世界各地作重點製作，BBC 決定三月十日在上海製作和直播「提問之際」，從另一個側面可以反映出這家老牌廣播電台以其敏銳的政治嗅覺，懂得中國的民主自由已經踏出堅實的一步。

「這裏是 BBC 特別節目，我們此刻正在中國上海。」BBC 中國周的重頭戲《問與答》節目昨晚 9 時在上海開始錄製。博鰲亞洲論壇秘書長龍永圖、中國外交部發言人劉建超等嘉賓以及由上海居民、外來訪客組成的 180 名現場觀眾共同為英國觀眾帶去了一場精彩紛呈的對話節目。

---

[5] 本文發表於《大公報》2005 年 2 月 24 日

　　參加三月十日上海「提問之際」節目的都是重頭人物，他們除了著名的 BBC 主持人大衛・丁布比（David　Dimbleby）之外，也包括前港督彭定康、中國外交部發言人劉建超、小說《野天鵝》作者張戎等。最值得一提的是，節目還將通過其網站由上海市民自由申請以獲取現場觀眾的資格，直接與節目主持人及嘉賓對話。

　　喜歡批評中國的人幾乎都這樣說，中國並沒有讓人民自由向外界發表意見的機會，這就是中國之所以給人不民主的印象。現在 BBC 這家英國老牌廣播電台不但可以在中國製作直接面對市民的節目，還可以由市民直接與電台主持及嘉賓直接對話，提出他們關心的關於中國政治經濟等問題，總不可以說中國沒有民主自由了吧？

中國民主路踏實有力

　　就連 BBC 電台「提問之際」的主持人大衛也不得不這樣承認：「這是一個突破。我從來沒有想像過，在中國製作一個這樣的節目……這是一次大挑戰，應該很吸引人。」而 BBC 新聞部總裁亞德里安・範・克拉維倫也這樣表示：「中國迅速變化，不斷開放。所以，這周的特別節目給我們提供一個機會，思考

戶外進行廣播

正在發生的事情，以及他們對世界的影響。」據悉這次「提問之際」的節目內容都是一些很敏感的話題，包括「展望、要點和國際商業報導」，BBC 國際部前駐北京記者嘉麗‧格雷希還將就這次專題向全世界作出現場報導。

俗話說，只有不夠聰明的人，才處處對其他人指手劃腳，橫加批評，這樣的行為不但得不到他們想要的東西，反而會令處身其外的人更清楚地看到誰是誰非。一向最喜歡對中國指責有加的人，不知如何看待 BBC 將於上海舉行的這個重頭節目，對節目主持人及嘉賓的陣容，和允許市民自由報名參加及提問等安排，會不會又扣上什麼對不上號的沒有民主自由的帽子？

雖然中國在民主的路上還走得沒那麼快，但可以看到的是，中國的民主之路，每一步都是踏實的、有力的，它較之那些整天口裡喊著民主自由而心裡不知什麼是民主的人來說，難道不是更難能可貴嗎！

中外媒體如何看待併購[6]

對於聯想與 IBM 併購案，中國的媒體普遍稱為：蛇吞象。中國與美國的媒體分別進行了特色不同的報導，中國媒體使用最多的詞彙為：提防，而美國媒體使用的關鍵字為：國家安全。香港媒體則採用平衡報導的手法。

隨著中國改革開放的深入與國力的增強，中國的計算機公司聯想集團終於實現了自己的跨國公司的夢想，在 2004 年底聯想集團與 IBM 就個人電腦的業務的併購案達成協議。對於聯想與 IBM 併購案，中國的媒體普遍稱為：蛇吞象，事後美國眾議院對此提出疑義，此時中國與美國的媒體分別進行了特色不同的報導，中國媒體使用最多的詞彙為：提防，而美國媒體使用的關鍵字為：國家安全。就新聞專業用詞而言，中國媒體顯然情緒化，儘管美國媒體在新聞的寫作上展現了偏頗的傾向，美國媒體的新聞專業用語則較為中性，香港媒體則採用平衡報導的手法。

---

[6] 本文發表於《大公報》2005 年 3 月 3 日

　　《舞動奇跡》是湖南衛視繼《名聲大震》之後，再次引進英國 BBC 電視臺紅遍全球的《strictly come dancing》的節目模式，進行本土化改造的創新節目，也是中國內地電視臺第一次引進購買英國舞蹈節目版權。此次節目邀請了中國內地、香港 TVB 旗下的 20 位知名藝人，在五周的節目當中，20 位明星將變身舞蹈選手，接受最嚴格的舞蹈訓練，參與最富懸念的舞蹈競技，充分展現舞蹈魅力；他們競技的過程同時也是一次奉獻愛心，創造奇跡的過程。

《紐約時報》觀點偏執

　　1 月 19 日《紐約時報》發表了題為《IBM 在第四季度表現亮麗》的新聞，新聞指出 IBM 在第四季度總營業額為 30 億美元，IBM 的股票在利多消息的促使之下提升 1.8 美元。27 日該報發表《IBM 在中國的交易面臨安全問題引起的嚴格審查》的文章，文章中認為中國最大的個人計算機製造商聯想公司隸屬聯想集團，聯想集團主要由大眾股東所有，但屬於政府機構中國科學院持有聯想集團 37% 的股份。如果此次併購順利完成，政府持股將下降至 30% 以下，IBM 將持有 18.9% 的股份。美國眾議院中國際關係委員會主席亨利海德在交給財政部部長約翰斯諾與總統布希的信

中提到：他們認為此項併購案將會使中國獲得先進技術，並且會導致美國政府的某些合約受中國公司的擺布。最後他們建議：鑑於中國所謂國家公司與政府間的親密關係，此次併購案應當延長審評交易，這符合美國的國家利益。該報導同時指出曾在克林頓政府擔任貿易官

「中國大陸人權展」是中國舉辦的第一個以人權為主題的大型綜合性展覽。「無論是從國內，還是從國際上看，舉辦綜合性的、全面性的人權展覽尚屬首次。」中國大陸人權研究會副會長董雲虎說。

員、現任全國對外貿易理事會主席的威廉賴因施表示：政府不會對眾議院某些重要的委員會主席們的建議不會置之不理，他們的擔心經不起嚴格審查。

內地媒體缺國際經驗

31 日該報又發表文章《聯想的併購案是否已經影響美國的安全》評論文章。如果作為長期閱讀《紐約時報》的讀者來講，這些新聞給人的總體印象是：IBM 整體的營業狀況良好，IBM 並不需要任何的併購，如果併購的話，也許與戴爾效果會更好一點，從單純的新聞學角度來講，美國媒體的這種輿論氛圍的塑造應當是相當成功。對於三位委員會主席建議書的觀點，這符合美國讀者對於中國的一般刻板印象，也符合美國政治人物一向固執的特性。

隨著跨國企業逐漸進入中國大陸市場,外企並購國企的問題也得到
了越來越多的關注。

　　總體來講,《紐約時報》的新聞記者對於聯想集團連續幾天
的報導表現出美國各界對於中國資本進入美國的關心,在新聞報
導中美國記者儘管進行了所謂的平衡報導,但新聞引用威廉賴因
施的看法基本上是軟弱無力的,作為一般的美國讀者基本上對此
是沒有任何感覺的。從另外一個角度分析,賴因施的觀點卻是絕
對正確的,首先美國眾議院的意見對於白宮而言基本上只是參考
而已,並不會產生實質的影響;其次,聯想只是併購 IBM 實質上
已經處於虧損狀態個人電腦的業務,如果從純商業的角度出發的
話,這是一個雙贏的局面。

　　中國內地的媒體在此次併購案中的前期經常使用的一個詞
是:蛇吞象。現在看來這是相當不準確的。中國媒體還不知道如
何在國際資本市場當中進行重大事件的報導,如果聯想與 IBM 的
併購案真的就是蛇吞象的話,那麼,眾多的國外大集團公司進入
中國的企業的行為又如何定型呢?

香港媒體中性報導

反觀香港的媒體的報導就比較中性，香港媒體普遍使用的關鍵詞為：海外擴張。同時為了平衡報導，香港媒體普遍採用中國首鋼在秘魯海外投資案不成功的案例。

中國媒體在進行任何國際問題報導時，應當持著「不以物喜，不以己悲」的原則進行報導，要在體諒對方感情的基礎之上進行具有國際性的平衡報導。比如俄羅斯教育界方面在來中國大學進行交往時，雙方除了對曾經的「莫斯科郊外的晚上」有共同的回憶外，再來就是相座無語。這也許是中俄兩方面在交往中「上熱下冷」的部分原因的寫照，因為中俄高層領導在交往中，確實是有共同語言。筆者就曾在俄羅斯電視台轉播江澤民主席與葉利欽前總統的會見時，感動得熱淚盈眶，那完全為「俄國通」與「中國通」之間交量與合作的感覺。事後，當我問自己的導師時，沒想到他竟然也有同感。

美國眾議院對於此次併購案的反映基本上是不奇怪的，其中最主要的原因在於聯想作為未來的跨國企業並沒有遊說美國的參眾兩院，儘管這在美國法律的規定當中是合法的。試想即使聯想有遊說的話，那從眾議院三位主席的反對信中可以看出遊說也是想當然不成功的。在這裡我們可以更加借重台灣的經驗，我們看到在中國抗戰初期，美國並不是很看好中國在二次世界大戰中有任何能幫助美國的地方，但在蔣宋美齡穿梭外交的協調之下，中國與美國在二次世界大戰中成為戰略同盟。同樣，現在的台灣「台積電」的董事長張忠謀，他本身就曾在美國的德州儀器公司工作過，相對來講，很多的美國政治與商業人士對於張的信任要遠高於台灣政府。以筆者在歷次的談判或者交往的經歷來講，俄羅斯

似乎對於我本人在莫斯科國立大學的博士身份更加有認同感，談判也經常有峰迴路轉的機會。我想，其中一個最簡單的原因就在於我們之間的思路是相通的，我們最主要的功能就是：說服。作為一個留學生，我們是永遠為祖國服務的，這是永遠不會改變的，只要兩國之間在利益相同時，一定要求同存異，我們的作用就是可以搭建一條可靠的橋樑。

試想如果聯想的副老總就是從美國留學回來的，那麼與美國政治界交往的任務他就責無旁貸了。我們也許擔心他是否能完成任務。其實，中國的跨國企業應當學會如何與各個國家的政治界、經濟界交往，這不只是國家的任務，這也是各個跨國公司自己的任務。在這裡筆者更想指出的是聯想作為未來的國際跨國企業應當更加重視與世界媒體之間的溝通。如果媒體在報導中有任何不恰當的形容的話，聯想應當在私下裡或者在新聞發布會中聲明，也許聯想更加需要一個強有力的新聞發言人及發言人制度，聯想不但需要學會控制中國國內媒體的表現，而且要開始影響國外的媒體，以跨國企業的名義遊說美國的參眾兩院及地方議會。

省級衛視靠差異爭市場[7]

　　目前我國衛視市場的生存空間可以說是三分天下：具有壟斷資源的中央電視台；眾多省級衛星電視台同台競爭；有限落地的境外台如香港鳳凰衛視等。如今省級衛視在競爭中已形成差異化生存空間。

　　隨著中國加入 WTO 和即將在北京舉辦 2008 奧運會，中國國際化進程促使電訊傳媒正在經歷一系列的變革。但在這場變革當中，傳媒首先經歷了近十年的媒體集團化的過程，集團化所帶來的競爭力優勢已在二十世紀消耗殆盡，而現在隨之而來的數字化技術將會給中國的電訊傳媒帶來更深刻的變革，數字化將是對中國電訊傳媒全面檢視的開始。

連續 58 個月穩居省級衛視收視率第一的湖南衛視，11月 8 日在廣州拉開了 2008年節目推廣及廣告招商的序幕。湖南廣播影視集團總經理、湖南電視臺台長歐陽常林率頻道高層以及當家主持人均出席了招商會，陣容之隆也足以看出湖南衛視對於來年的信心。

7　本文發表於《大公報》2005 年 6 月 28 日

　　數字化對於電視媒體首當其衝主要有三個挑戰：首先，電視媒體將從單一的廣播式的視頻服務向有交互功能的多媒體服務方式發展；其次，受眾將全面享受數字化所帶來的大信息量，並對數字化的新聞播出進行選擇性的接受；最後是數位技術如何進行全面的普及。這其中東方衛視在省級衛視電視品牌戰略發展中創造了一些獨到之處優勢，這為電視媒體發展當中提供了很多借鑑的範例，這就是只要突破地域上的限制，發揮地域上的國際、本土優勢。

衛視品牌戰略的定位

　　目前我國衛視市場的生存空間可以說是三分天下：具有壟斷資源的中央電視台；眾多省級衛星電視台同台競爭；有限落地的境外台如香港鳳凰衛視、華娛衛視、MTV 等。如今省級衛視在競爭中已形成差異化生存空間。作為最基本的，也是收視率最高的兩大節目形態—新聞性節目、娛樂性節目的市場，目前已經被央視新聞頻道和湖南衛視分別佔領，以上海這座城市的份量，受眾要求擁有可以與之匹配的全方位的媒體，東方衛視如果再以此類節目去定位，將會存在生存危機。東方衛視最終決定以綜合頻道定位，使用新聞、綜藝節目、影視劇等多種節目形態，強化東方衛視國際化、多元化與本土化品牌形象。

各大選秀節目回應廣電總局限時禁播令

　　上海東方衛視開播一周年的時候，陳梁台長在談到電視台的定位時認為：城市是一種寄託夢想的東西，無論對城裡還是城外的人來說都是這樣，而我們就是要滿足人們對上海這座城市的想像，上海作為全國經濟發展的橋頭堡，東方衛視應當在全國電視數字化之前，對於電視台的整體管理模式應當做出某些超前的有益探索，儘管這些探索市場是具有爭議性的，現在看來這些作為是比較正確的。東方衛視通過上海牌、城市牌、全國牌成為跨區域的媒體品牌，讓上海在國人的認同中，再成帶頭羊，引領中國的「城市運動」，讓東方衛視成為中國城市化運動中的一個主流

媒體，成為各種全國性品牌迅速佔領主要城市消費市場的一個主
要傳播渠道，展現出 2010 年上海世博會的主題「城市讓生活更美
好」！

　　東方衛視「立足上海，依託長三角，面向全國」的戰略定位
正是綜合考慮了上海的地理、文化以及政策上的優勢做出的。上
海在數字化技術方面也是全國領先的，現在國家已經批准上海市
作為國內數字和高清晰度電視試驗區，上海廣電還成立了高新技
術推廣領導小組，並開始在有線電視網上進行數字高清電視試驗
播出和開展雙向、互動數字電視業務試驗。2001 年，上海文廣新
聞傳媒集團對於旗下的新聞板塊進行深入改革，其中改革的一個
重要方面就是實行頻道專業化，集團在原來三個上海電視台、上
海東方電視台和上海有線電視台三台的基礎之上推出 12 個專業
頻道。

節目國際化與本土化

　　復旦大學新聞學院教授孟建曾評價：東方衛視構建了一個新
聞大台的基本架構，該台基本上是一個新聞頻道。雖然是地方台
也在做特色新聞，全國積極開展了新聞資源的拚搶，但東方衛視
新聞報導的品質還可以，重大新聞事件不漏，角度還屢有創新。
解決新聞立台的困境可以採取新聞生產方式的變革，從財經新聞
的角度來做大做強新聞。簡而言之就是從經濟新聞的角度觀察時
政，從時政的角度來看經濟。上海在全國最有影響的是財經和商
業中心，佔據經濟的優勢。

《重走唐僧西行路》文化訪談版「話說西行」

東方衛視作為上海的視窗，要突出一些特色的資訊資訊類節目，如產經資訊、文化時尚和生活消費資訊、經濟交流和展會交易資訊等等。這種源於上海地域優勢資源的資訊資訊在全國衛視中具有競爭力，它可以形成具有獨特價值的品牌資源。對各家省級衛視而言，認清自身在全國競爭格局中的優勢與劣勢，揚長避短，如湖南做綜藝娛樂、河南做戲曲、上海做財經等，通過對頻道特色化的改造，來強化頻道特色，發揮既有優勢，形成更富競爭力的新優勢。在明確頻道內容風格定位的基礎上，再進行全頻道的節目體系整體設計，是衛視改版和制定發展戰略的重要思路。

對於東方衛視來說，它主打「上海菜」，打出了「中國都市旗幟、國際傳媒標準、社會製作視窗、全國城市平臺」的旗號。它的風格是現代的、時尚的、青春的、

廣東衛視主要體現財富廣東的特點

國際化的，這一切綜合起來就是「海派」的。從風格定位來看，東方衛視的目標收視群鎖定了大中城市中高收入的中青年人士。

媒介按照特定細分變數，把整個媒介市場細分為若干不同需求的
分市場，其中任何一個分市場都是一個有相似需求的受眾群體，
都有可能作為目標市場。市場化的經營機制要求媒體必須進行目
標市場細分，準確描述出所屬的受眾群體輪廓。

2003 年的 10 月，東方衛視帶著撲面而來的清新氣息，不可阻擋地
進入了我們的生活。她的 LOGO：在豐盈、充滿張力的鮮橙上，覆
蓋著一個碩大的五角星，並向四周延伸著……引起了人們的興趣。

跨國跨媒體資訊平臺

　　東方衛視的核心競爭力還應該體現在它對財經新聞的把握。
文廣集團擴張的首部曲就是上海電視台財經頻道和全球最大的財
經電視媒體美國 CNBC 的合作，推出了「第一財經」，這是一個
囊括電視頻道、廣播頻率、報紙甚至網絡等在內的跨媒體財經資

訊平臺。有了這個平臺，東方衛視可以盡情展現自己的「經濟」特色。正如孟建教授所說的：解決新聞立台的困境可以採取生產方式的革命，從財經新聞的角度來做大做強東方衛視的新聞。簡而言之就是從經濟新聞的角度觀察時政，從時政的角度來看經濟。上海在全國最有影響的是財經和商業中心，佔據經濟的優勢。

《頭腦風暴》是中國大陸第一個跨地域、跨媒體（電視、報紙、廣播）的財經資訊資訊平臺──第一財經頻道開辦的全新演播室談話類節目，欄目於 2003 年底開播，時長約 1 小時，是立足國內，面向全球優秀企業總裁的大型財經深度訪談節目。

隨著上海東方衛視的品牌管理與核心競爭力的逐漸成熟化，為將來上海媒體數字化提供了非常多的有益基礎，數字化也將推動上海東方衛視擴大品牌的影響力與競爭力，應當說現在數字電視對於電視台整體和每一個記者、主持人的要求才只是剛剛開始，這需要上海媒體的決策階層進行更加深入的探索與到位的執行力，才能確保電視台的永續經營發展。

電視節目勿陷重商輕責[8]

　　我們的消費市場仍存在監管不到位和資訊不流通的問題，監管部門要隨時監管市場產品的質量並且公佈足夠的資訊給消費大眾，而消費大眾才能在資訊公開與知情的基礎之上作出判斷。

　　中國內地湖南衛視的一檔唱歌比賽節目「超級女聲」，近來成為大眾熱門的話題之一，吸引了全國近億人的大範圍討論，國內一些知名媒體也都進行了立場非常鮮明的報導。同時，國外也有媒體報導了這個現象，例如：8月30日德國《世界報》撰文指出「超級女聲」為一次小型的文化革命，文章認為這類競賽非常類似德國的「德國尋找超級明星」和美國的「美國偶像」，該文認為，超級女聲節目代表著通俗文化對精英文化的一次勝利。該節目的收視率非常的高，達到10%，超過春節晚會。另外美國《基督教科學箴言報》也刊登名為「超級女聲紅透中國」的文章，文章認為對於學生而言，「超級女聲」令人興奮之處在於觀眾能夠做出自己的選擇。

---

[8]　本文發表於《大公報》2005 年 9 月 27 日

據新華社電最受歡迎的美國福克斯電視臺的大型電視選秀節目
「美國偶像」2008 年 1 月 15 日開始播出最新一季。儘管節目內容
應觀眾要求有所改動，但依然無法扭轉其觀眾日漸流失的趨勢。

古羅馬角鬥場上的民主

　　美國有一部商業電影叫做「Gladiator」（角鬥士；台譯：神
鬼戰士），影片中有一幕情節描述了古羅馬人的大型娛樂活動之
一觀看角鬥，其中皇帝與民眾一起觀看俘虜奴隸格鬥騎兵車隊和
猛獸，有一名被皇帝追殺而流亡在外的前朝將軍意外成了俘虜，
他與其他奴隸組成的隊伍居然在角鬥場上勝利生還了，引得全場
觀眾激情歡呼，並豎起大拇指向上，示意皇帝不要殺這名奴隸，
奴隸頓時成為人民英雄！這是古羅馬人的娛樂民主形式。建立古

羅馬角鬥場是羅馬皇帝取悅人民的方式，而這其中充滿了皇帝、公民與奴隸之間一種不平等的生存關係。

「超女」儼然掀起一股娛樂節目民主化的風潮。造成這場流行風潮最主要的因素就在於比賽採用了短信營銷的形式，節目的觀眾可以通過積極參與短信發送的方式決定參賽候選人的命運，甚至在最後的決賽中裁判已經失去了作用，而成為比賽的座上賓。

第五屆「美國偶像」的選手。

信息匱乏與單一的危機

這個節目的定位主要鎖定在青年學生。當然青年人有追求娛樂的權利，而娛樂又是每個人本應有的生活。節目受到大眾的喜愛，原本民心民意變得勢不可擋，儘管電視台與電信公司的商業操作手法潛伏著令人擔憂的社會危機，但是倘若使用家長式的強

制力去操控節目方針與民眾情緒已經是比較落後的管理方法，這通常多會在人們經濟生活完全不獨立與資訊壟斷的情況之下比較容易產生效果。

當這一股大眾流行旋風吹過之際，在國內整體社會環境中仍然存在一些危機，這包括了：第一，媒體管理思維和方法的落後，在社會傳播鏈中顯示資訊來源偏向單一化；第二，精神與物質文化的匱乏，人們缺乏對大眾文化進行選擇與控制的免疫能力；第三，資源壟斷者對資源共用者的剝削。在社會傳播鏈中，若以「資源共用」原則作為符合社會正義的前提，那麼，資訊來源單一與資訊匱乏，將使得公眾缺乏足夠的知識背景和相關資訊，進行對保護自身權利與利益的有效選擇。

改變電視內容格局的選歌秀

換句話說，人們要追求美好的生活必須具備「知情權利」，而「知情權利」有賴於「信息的公開與透明」，這才會是符合「資源共用」與「社會程式正義」的公正原則。

　　美國學者塞謬爾‧亨廷頓在最新力作《我們是誰？》（Samuel Huntington, Who are we?）當中寫到：在西方歷史上，宗教與民族主義一向是攜手前進的。……每一個民族均在很大程度上由宗教形成，正如同語言所形成的一樣……在 41 個國家和地區當中進行的一項調查發現，一個國家對宗教重視者愈多，為自己民族的自豪感愈深。亨廷頓的觀點提醒了我們宗教與民族自豪感的關聯性。當然人們的精神生活不僅僅是依靠在宗教生活當中，不同特定的人群依託著各種方式生活，簡言之，人一定要有精神依託的地方，不論是宗教、音樂、還是其他的方式。

媒體經營陷入重商迷思

　　當在中國的人們把電視媒體中展示的某種事物看做一種流行時，這個流行很快地成為共同討論的話題，甚至成為人們認定追求好生活的一種標誌。這裡存在的問題不在於追求美好生活的願望與方式，而在於電視媒體或是其他資訊渠道是否有提供足夠的資訊，讓人們作出自己的選擇，而不是在資訊匱乏的框架中，受眾無論作出什麼選擇都跳脫不出資源掌控者所設定的遊戲規則。這是一種媒體的霸權。這樣，雙方事實上是處在一種資訊不平等的台階上，遊戲設定者等待既定的效果，而參與遊戲者因為資訊不足而無法因參與而得到應有的回饋。在信息匱乏與單一的傳播鏈中，資源壟斷者佔據傳播發送的優勢，資源匱乏者只能在有限資訊中作選擇，這種互動其實是有限的。

　　當一個社會奉行「市場經濟」、「自由市場」、「市場規律」的原則時，仍應該不可以忘記「市場監管」、「資訊流通」、「資

訊共用」、「社會正義」的原則,因為沒有後者的支撐,前者存在就喪失社會公平的意義。在現今一個產品消費的重商時代,賣方必須釋放足夠的資訊給買方,才能贏得買方長期的信任,否則任何產品與事物的流通只是曇花一現。

這一年來在大陸內地出現了許多宗駭人聽聞影響大眾生命的黑心事件,例如,假嬰兒奶粉、假兒童疾病預防疫苗、病死豬豬鏈球菌、淡水魚含孔雀石綠等等食品公共衛生安全的問題。這顯示了不是自由市場就代表了業者可以自由使用違法藥品的權利,人們的生命安全應該擺在第一位。消費大眾是在不知情的狀況之下作出了損害自己的錯誤選擇!

因此我們的消費市場仍存在監管不到位和資訊不流通的問題,監管部門要隨時監管市場產品的質量並且公佈足夠的資訊給消費大眾,而消費大眾才能在資訊公開與知情的基礎之上作出判斷。大眾對「超級女聲」的熱情可以繼續,但是媒體主管單位對媒體是否有違背公平市場交易原則要做出監管,並且制定相關政策保護消費者權益。

與此同時,電視台選拔與記票過程要更公開透明,電視媒體報導也要更加多元,包括對於節目潛藏在社會當中所造成的家庭糾紛、價值取向、金錢觀念、人生態度的問題也應該一併關注報導。報導的多元平衡與深入剖析可以避免陷入社會「沈默螺旋」與媒體重商機卻輕責任的迷思當中。

暢通政令避免責任推委[9]

　　2005 年 11 月期間，黑龍江省突然間經歷了兩個事故災難，一個是來自鄰居吉林石化爆炸之後帶來的苯污染，另一個是在七台河市發生礦難。這兩個危機最突出的問題在於，當吉林石化發生大爆炸後，洩漏的苯化合物流入了松花江，對此一重大事故，竟然黑龍江沿河的居民一無所知，直到重工業城市哈爾濱面臨停水四天的窘境時，黑龍江省政府才向外公佈停水的真正原因。另外，發生在七台河市東風國有煤礦的礦難，儘管死亡人數眾多，但具體下井採煤的人數和死亡人數，很長時間都還不確認。在礦難出現時，我們往往強調政府的整體危機處理的透明化問題。為

吉林石化爆炸事件，將松花江長期存在的污染問題赫然暴露在公眾面前；因污染與治汙而引發的相關部門之間的齟齬與合作，也因此變得紛紜複雜起來。終究，區域之間的密切合作、企業的主動參與才是環境保護、實現全流域治理的最終之道。

9　本文發表於《大公報》2005 年 12 月 12 日

此，2003 年 SARS 事件之後，部分學者就大聲疾呼政府建立新聞發言人制度。隨著政府新聞發言人制度的建立，在危機和災難時都會出現新聞發言人的身影，但當受眾越加清晰看到新聞的本質時，就越加感到恐懼，因為無論是發生在身邊的還是發生在遙遠地方的災難，都變得異常的清晰，而發生災難地方的體制讓每個人都會感到所有人與自己所處的環境是如此相似。

建立跨部門協調機制

中國地方政府在執行政策方面更多的是善於採用人治，這種管理方式在執行來自上級的政策時還是比較有效的，但在危機處理方面就會暴露管理過於僵硬的問題。在危機處理過程當中，更多的人

吉林石化的爆炸引起松花江上游水質受污染，而吉林石化是石油巨頭下屬的企業

以不做為和靜觀其變來處理出現的危機，在外界看來這更像是麻木不仁、反應遲緩。很多學者認為高層的直接參與和領導是有效解決危機的關鍵，因為危機處理工作通常是跨部門、跨地域的，不僅會對許多正常的政務流程和政策進行改動，還要及時進行資訊與資源的調撥分配。這種跨部門的工作是任何一個部門人員都

無法勝任的，而必須由能夠支配協調各個部門的領導出面才能夠「擺平」。但隨著中國經濟的全面發展，這樣的處理方式的直接效果就是看到我們的總理幾乎天天都在處理出現的危機，地方官員在危機的初始階段都在維護自身的利益和保住烏紗帽，地方政府的管理職能在危機面前消失了。

發言人不是化妝師

危機，韋氏大字典詮釋為：一件事的轉機與惡化的分水嶺，又可闡釋為生死存亡的關鍵和關鍵的剎那，可能好轉，也可能惡化。由此可知，危機是在一段不穩定的時間，與不安定的狀況下，急迫需要做出決定性而有效的措施，所以危機處理往往存在於一念之間。達爾文說：適者生存，不適者滅亡。從危機處理的角度思考，「適者」是指能夠面對危機，解決危機，最後能夠繼續生存下來的主體，不適者正是那些無法適應危機挑戰而被淘汰的主體。危機有其自身的殘酷性，但政府的存在正是降低這樣的殘酷性。

危機管理的上策是順應時勢，主動求變；中策是逐步改造，緩慢應變；下策是一意孤行，抗拒變局。危機處理本質上非常複雜，處理危機時通常宜針對危機體的各項條件因素，靈活交互運用迴避、預防與抑減、中和、保留與承擔、分散、轉嫁等六種策略。

此時，建立整體的資訊系統成為預警機制的重要工具，能幫助在苗頭出現早期及時識別和發現危機，並快速果斷地進行處理，從而防患於未然。在危機處理時，資訊系統有助於有效診斷危機原因，及時匯總和傳達相關信息，並有助於各部門統一口徑，協調作業。這種資訊系統有時必需是跨部門的，比如，新聞發言

人,它應該是國家的、政府的,而不能讓新聞發言人成為地方政府的化妝師。

地方欠缺媒體監督

　　一旦災難爆發時,是否新聞人都變成烏鴉嘴了呢?新聞人面對越來越多的災難都普遍感到無奈,新聞報導陷入簡單的人道主義關懷,對於死者表示同情。筆者回國四年了,看到新聞記者的無奈是可以理解的,但卻是無用的,因為問題出現在地方,我們的好記者只願意呆在首都,享受高速資訊的感覺,但問題和災難都出現在邊遠地區,記者對於地方體制的監督是非常空缺的。現在國內建立新聞學和傳播學的院系有 690 多個,但幾乎所有知名的院校畢業生都只願意留在都市,這造成真正的新聞人才幾乎都留在北京、上海和廣州等城市,這樣整體上新聞的監督和促進地方體制變革的可能性變得微乎其微。現存的危機處理的框架是非常清晰固定的,那就是北京非常希望在質量大檢查當中把事故降低到最低,但在地方始終把自身的經濟利益做為頭等大事。

掌握資訊傳播尺度

　　美國「911」事件發生後,當時的紐約市長朱力安尼得知第一架飛機撞上世貿,便命令他那台 SUV 車轉向消防局前沿指揮所,跟局長談完話後,他進入世貿大樓內的員警前沿站,不到 15 分鐘,隨員看到掉落的水泥塊,警覺到大樓要塌了,全賴世貿員工找到一條通往其他大樓的通道,才勉強逃過一劫。在全國媒體四處搜尋可以講幾句話的政治人物時,朱力安尼適時第一個講出

「Terrible! So Terrible!」，在所有狀況不明時，僅知一定是人為恐怖攻擊的狀況下，他向媒體說，「沒有任何言詞可以描述此刻我心中的憤怒」，同時說出一個漂亮的標題：「這是第二次珍珠港事變！」這句話成為24小時之內所有媒體報導911事件的主標。

在這裡我們看到朱力安尼的兩個危機處理特點，首先是他在記者面前展現了自己已經全面掌握資訊的信心，並且他對於現場的狀況進行了必要的語言封鎖，這種封鎖是使用潛台詞和含混的詞語。朱力安尼並沒有指出紐約面臨何種性質的攻擊，只是對於現狀進行了描述。在危機處理中，封鎖消息必然是危機處理的標準程式之一，但外界或員工還是想要知道確實的狀況。因此，危機處理者必須一方面盡速掌握全盤狀況，另方面搶先發布權威性資訊，只要自己仍是最權威的消息來源，通常也就表示狀況仍在自己的掌握之中。

現在國內出現的危機問題主要是政府高層的政令和地方政府的執行不能相互通暢。另外，地方政府在整體管理的過程當中，應當著重在資訊預防體制的建立，部門間必需把可以預見的危機進行必要的安排，如果煤礦的礦難是每個煤礦區一定會遇到的問題，就要把發生礦難的每一層負責人確定下來，這樣在發生礦難後就會避免相互推委的現象。

多元文化與本土化定位[10]

在全球化與多元化的雙重夾擊之下，本土化發展在很多人眼中是一種背道而行的行為，廣東電視台的電視劇在 1998 年面臨前所未有的危機，因為隨著香港電視節目進入廣東市場和中央電視台節目質量的提高和其權威性，廣東電視台本身的節目並不能夠吸引本省的觀眾。其中的原因應該是：廣東省本身就是一個外來人口大省，外來人口當中很大一部分都選擇適應自己的家鄉衛星電視台或者選擇鳳凰衛視和中央電視台，本地的草根文化在廣東同樣也佔有相當大的比重，但這些本土觀眾和當地的港商似乎更加願意選擇香港無線電視台和亞洲電視台收看。

突出廣東區域優勢

在這種困難環境之下，廣東電視台珠江頻道在 1998 年年中開始名為《外來媳婦本地郎》劇本的策劃。2000 年 8 月底完成計劃中的 60 集的拍攝任務。2001 年 6 月初《外》劇再次續拍。

《外》劇本身在製作過程中有兩個決定了其最終取得成功的因素，首先是語言的選擇。廣東作為全國第一經濟大省，其地理位置處於中國最南部，本土大眾普遍適用的語言是廣東話（粵語），《外》劇採用粵語是顯示了與之相適應的廣告效應，在今

---

[10] 本文發表於《大公報》2006 年 5 月 9 日

年正月十五為止《外》劇製作並播出長達千集，其取得的成功是不言而喻的。但筆者認為其中《外》劇所帶來的商機還沒有很好的應用，電視劇的形式被複製並不可怕，可怕的是如何充分利用其所帶來的經濟效益。比如迪士尼的動畫，在迪士尼的發展過程當中，該公司的動畫人物多如牛毛，但每位有名的動畫人物都是出現在情節幾乎非常相似的影片當中。

劇集如何做大做強

另外《外》劇劇情人物結構非常有特色。現今在電視越來越數位化，圖像越來越清晰的前提之下，受眾對於電視的直觀感受成為電視台發展的標準，在中國電視台製作和播出主體旋律的大製作是適應中國的主要新聞發展理論，但如何迎合整體受眾的要求同樣也非常重要。我們常講電視台

《外來媳婦本地郎》

有三老之一的老百姓的要求。按照國際慣例電視台主要有三個能夠吸引受眾的買點，分別是：電視劇、新聞和娛樂晚會，現在看來廣東電視台在新聞和娛樂晚會方面的深入發展是面臨著巨大的問題，新聞講究的是時效性和互動性，廣東電視台作為廣東省的大台，新聞必須照顧到全省的方方面面，這樣新聞在時效性方面

就會弱一些,而做到新聞的互動性的話,這須要電視台的新聞採編報導隊伍要非常貼近群眾,做到百姓身邊發生的任何事情都在掌握當中,這樣的人事編排同樣是電視台無法承受的。娛樂晚會的製作表面上是製作成本和是否有廣告商的支持的問題,而實質上是軟環境上配套問題,第一,廣東是否是一個文化大省,如果是的話那麼舉辦晚會的人才就不會成為問題,這包括主持人的來源和節目的組成;第二,受眾是否喜歡看娛樂晚會呢?這又回到廣東作為第一經濟大省的老問題上,外來人口對於這種中央電視台 20 多年來強勢主導的特長項目。

該劇的編劇為:王萍、王丹丹、許丹華。《外來媳婦本地郎》以廣州老城西關一戶姓康的人家的家庭生活為背景,以老兩口,四個兒子和四個「外來媳婦」之間的矛盾和碰撞為故事主線,展開了一系列輕鬆詼諧,妙趣橫生的故事情節。短劇向觀眾展現了充滿新鮮內容和喜劇色彩的生活,嶺南文化和北方文化的衝撞交鋒,並對現代社會生活的人生百態和一系列社會的熱點話題進行了深入的探討。該劇充滿現代大都市生活氣息和濃厚的廣州地域特色,人物個性鮮明,語言風趣幽默,情節曲折動人,具有很強的觀賞性和娛樂性。

最後電視台剩下的就是電視劇如何做大做強的問題。外來移民的代表和本土大眾的代表都在《外》劇中有非常突出的體現，這樣使得《外》劇在總體形式上取得了兩種受眾的基本認可，再加上《外》劇中一些外國媳婦的配角，使得導演《外》劇在總體內容結構上可以施展出更多空間。人物結構的構成同樣也是最能打動族群的有效武器。

國際文化競爭

為了進一步鞏固和強化自身的世界文化霸主地位，增強美國文化外交的戰略作用，2000 年 11 月 28 日前總統克林頓在卸任前夕破天荒地在白宮召開美國第一次文化與外交研討會，探討擬訂二十一世紀美國對外文化戰略。法國作為一個文化大國，為了保衛法蘭西文化，捍衛法語的純潔性，對來勢兇猛的美國文化入侵進行了有力的抵制。為了推進世界文化多元化，打破美國文化的壟斷地位，法國把對外文化宣傳視為法國總體外交的重要組成部分，非常重視在世界上傳播法蘭西文化，並成為世界上最為注重對外文化宣傳的國家之一。尤其是積極利用高科技宣傳手段，通過衛星和視聽傳媒把自己的圖像和聲音傳播到世界各個角落。法國總統希拉克又提出文化歐洲的構想，就是在建立歐洲經濟共同體甚至政治共同體的同時，企圖建立歐洲文化共同體。

蘇聯解體後，俄羅斯文化發展受到巨大衝擊，面臨西方文化侵略，普京清楚地意識到俄羅斯民族文化的危險處境，為了反擊西方文化侵略，振興和發展俄羅斯民族文化傳統，重振俄羅斯大國雄風，2000 年初，當時還是俄羅斯代總統的普京批准實施「文

化擴張」戰略，從而確定了積極的對外文化政策。早在二十世紀八十年代，日本首相中曾根就提出「建立文化發達國家」的戰略構想，努力使日本成為亞洲乃至世界的文化基地。一些日本學者甚至提出「文化立國」的主張。

從世界文化發展態勢來看，自從資本主義和工業文明誕生以來，在西方文化的衝擊下，民族文化相對封閉、互相隔離發展的觀念早已過時，甚至區域文化的概念也在逐步退出歷史舞臺，全球化的挑戰明明白白地擺在了各個文明面前。希望廣東在文化方面能夠更加深入挖掘品牌效果，以多元文化為基礎，堅持本土化，讓廣東不但成為經濟大省，還要成為傳媒大省和文化大省。

超女凸顯節目管理問題[11]

　　自去年湖南電視台舉辦超女火爆之後，現在第二屆超女的海選又在如火如荼的開始了。原中宣部副部長、文化部部長、全國政協常委兼教科文衛體主任劉忠德就超女一事召開說明會。他強調，超女現象存在對青少年的毒害，對教育是極大破壞，並認為廣電總局作為管理部門監督管理不力。筆者完全支持老部長的觀點，但對於說明會的內容並不完全支持。

廣電內部人才缺乏

　　超女現象凸現了兩個問題：一是中國廣電內部的人才缺乏，而且能夠正確靈活掌握中央政策的人才更少，多的是兩種人，一種是墨守成規的規矩

超女 6 強齊亮相（照片源自湖南衛視網）

人，另一種是以金錢為目的媒體人。這兩種人的存在出現並不偶然，因為如果在廣電媒體中不墨守成規就有丟飯碗的危險，如果不以金錢為目的，那麼看到自己採訪的富人們，心理還真不平衡；

---

[11] 本文發表於《大公報》2006 年 6 月 9 日

另外，老部長對於現今電視媒體的特色瞭解不足，不論什麼樣的節目在電視中引爆高收視率，那麼對於這樣的節目決不可能直接阻攔，一定要適當引導，譬如現在超女節目組就把候選人的年齡提高到 18 歲以上，但這樣後期的措施還是太少了，最好超女就變成一個完全的唱歌節目，對於這一點 MTV 就有相當的經驗。

當中國經濟快速發展後，國內電視台確實非常有資金實力，但這樣的資金實力還無法與西方國家相比，這樣直接廉價克隆美國電視台的節目成為電視媒體人的首選，但我們對於美國節目產生的大環境非常不清楚。這就像中國大學現在都在拚名次，希望與美國大學一拚高下，但直到現在我們也許還不清楚，排名第一的美國大學是哪一家，2006 年在美國排名第一位的不是哈佛，也不是耶魯，而是普林斯頓大學，這個大學學生數量總共 5 千人，是個典型的微型大學，是歐洲精英教育的延續，現在中國在全面擴招的前提下，要想出世界一流的大學是非常難的。

當我們在克隆西方節目時，我們要時時想到美國的受眾是大量的中產階層，而我國的中產階層現在還沒有完全形成。譬如，在美國非常火爆的「生存者」節目，在移植到中央電視台後，並沒有引起太大的轟動，再譬如「百萬富翁」節目在複製到香港之後，就取得非常大的成功，但到中央電視台之後，則變為以親情取勝的「開心辭典」，節目的生態變化比較大。另外超女的原型台灣的「五燈獎」節目產生的環境是，台灣當時歌手唱歌的模式都比較固定，這使得台灣受眾對於這些歌手、歌曲、創作都非常的失望，平民化的歌手給受眾帶來了全新的感受。

大眾型歌手嚴重缺乏

無論是美國還是台灣地區，其節目製作的大環境是社會中大量的中產階層，對於這些中產階層來講，節目中的獎品還是未來對於獲勝者的培養都是非常誘惑人的，但在看完節目之後，這些受眾會很快恢復到自己的現實生活當中，因為中產階層本身的生活就非常充實。對於這一些，中國大陸直到現在為止，還沒有形成一個強大的中產階層，社會中的大量勞工階層在看完這些具有強大誘惑力的節目之後，這些人是非常難再恢復到自己的現實生活當中，如形成社會運動，這將對國家建設破壞性非常大。

現在中國面對相同的問題，大陸在長時間的經濟發展之後，地方或者北京都經常舉辦大型的歌舞晚會，知名歌手現在大量缺乏。中國在經濟大發展的前提之下，需要大量大眾型的歌手，而現在很多的女歌手都是從電視劇中轉型而來，中國受眾需要大眾文化，但不是低質文化，從這一點上看超女還是有存在的必要，只是希望超女能與 MTV 合作，變為一個純粹唱歌節目，而不是成為社會貧富差距過大的鐵證，希望製作人不要把年輕人商業化，畢竟在任何的社會時期少年人是最好被利用的。

節目需有中國特色

從大的方面來講，超女的實質就是個人主義的體現，自由的唱歌是每一個少女的願望，而唱得好還能夠取得大量的財富，真是何樂而不為的事情。但個人主義與中國整體的發展在某些時候是不相符的，因為中國的現實發展在很多時候還是建立在集體主義的基礎之上，個人主義在中國是無法對抗全球化的。

　　胡錦濤總書記去年在看望政協委員時提出記八榮八恥的社會主義榮辱觀，總的來看這大部分都是建立在集體主義觀的基礎之上，這應該是中國在經濟發展階段所急需的精神食量。但如果以個人主義的觀點來看，就會有很多的問題，譬如，「以崇尚科學為榮、以愚昧無知為恥」這樣的榮辱觀，很多的老年人或者年輕人，就會由於自己的傳統觀念或者工作的壓力過大而產生對未來的不確定感，他們都跪拜自己的偶像，而且還會由於過度信任而產生很多愚昧無知的行為，但這些人對於自己的行為並不感到恥辱。

　　超女產生的原型──美國的「美國偶像」節目就是以個人主義為主，準確的來講，這與總書記提出八榮八恥觀相違背，超女如果能夠做回純粹的唱歌節目，希望內地的電視業者多向香港的電視學習，平民化，像香港電台一樣多用深刻的鏡頭反映政府問題，像亞視一樣多做好新聞，像無線電視台一樣多做與民眾生活相關的電視劇，希望電視不要利用年輕人，侮辱年輕人，不要宣傳年輕的無知，不要以收視率為馬首是瞻。

中俄印戰略聯盟有必要[12]

　　中俄印三國雖然在國家經濟發展上可以優勢互補，但在地緣政治上三國確有無法合作的先天弱點。但是，現在中俄印暫時的戰略聯盟還是有存在的必要，畢竟三國與西方是完全無法展開任何聯盟的。

　　八國集團峰會日前在俄羅斯第二大城市聖彼得堡閉幕。這次八國峰會達成的共識只有《反核恐怖全球倡議》，除此以外再無任何共識。但這次會議確有兩個特點值得關注，一是普京的強硬表現，另一個就是中俄印三國領導人的會談。很多觀察家都對這次俄羅斯在峰會上表現出強硬的態度而深感意外。其實俄羅斯這樣的外交態度自前蘇聯以來是一貫的，只是俄羅斯經濟在長期低迷的狀況之下無施展空間，但俄羅斯現在的能源戰略與外交強硬表現仍然存在危機，如果俄羅斯能源產業發展過度國有化的話，俄羅斯將會給人以藉能源向周邊國家敲詐的嫌疑。對於這一點，新加坡、台灣有媒體的評論都有體現，因而俄羅斯應該在逐漸與中國利益趨向一致的情況下，多與人為善，少一點高加索人的狡詐（在前蘇聯和俄羅斯的外交部中，很多高加索人一直身居外交高位）。

---

[12] 本文發表於《大公報》2006 年 7 月 26 日

中俄印三國外長在哈爾濱舉行會晤，2007 年 10 月 24 日，中國
外交部長楊潔箎與俄羅斯外長拉夫羅夫、印度外長慕克吉在哈爾
濱舉行會晤。

三國記者進行採訪，中間記者（右三）為黑龍江省攝影家協
會副主席、省新聞攝影專業委員會副主任周確先生

俄不強硬難望翻身

香港媒體在這次八國集團峰會的報導中始終存在一個誤解，
就是是否俄羅斯與美國的關係在普京的強硬態度之後，會越走越
遠呢？香港某報在 7 月 17 日《俄羅斯做東八國集團冷戰》的文章

指出：曾幾何時，美國宣示美俄已經建立成熟的戰略夥伴關係，但現在在普京的統治之下，俄羅斯跟美國的理念似乎正分道揚鑣、越走越遠。表面上看該報的分析是有道理的，但非常可惜的是該報文章作者並不太瞭解俄羅斯外交和國家政治的運作方式。俄羅斯首先是一個多民族的國家，自列寧執政以來，前蘇聯或者俄羅斯的外交系統一直都是由外高加索人運作，真正的俄羅斯民族的精英並不涉及這一領域，外行人可以從俄羅斯外交部人員的頭髮看出，這些高加索人多以黑髮或灰白髮為主，俄羅斯族多以棕髮或黃髮為主。這一情況與中國或者美國的外交系統有著明顯的區別。俄羅斯在外交方式上的運作以給對方造成極大的困難並以拖待變為首要採用的手段。在這場高峰會議上，如果俄美不能夠在重大問題上取得一致意見，最終誰是最大的受害者呢？按常理應當是東道主俄羅斯，而實際上是美國。因為做為八國峰會的成員，俄羅斯

並沒有完全享受一個成員國的所有待遇，甚至在一些重要問題上部長級會議，俄羅斯都無緣參加。現今能源價格高漲，而且俄羅斯的能源或直接或間接都有供應八國集團中所有國家，如果此時俄羅斯不能夠強硬起來的話，俄羅斯外交將永無翻身之日。

俄精英成中堅力量

　　儘管俄羅斯在八國峰會中顯示了強硬的態度，但俄羅斯的強硬態度並不會真正得罪七國。而中國在國際上要像俄羅斯一樣的話，還是有一些不現實的，也許和諧世界是中國外交正確的選擇。俄羅斯有兩點優勢奠定了其外交強硬的基礎，一是西方七國對於俄羅斯能源產業都進行了大量的投資，這些投資基本上都是石油、天然氣生產的基礎建設方面的投資，直到現在西方公司還沒有收回成本，而能源產業利潤的獲得主要依靠當地政府和國家的穩定，另外七國對於俄羅斯其他方面的投資都非常的少，可以說俄羅斯經濟的發展大部分都不依靠西方七國，反而在能源方面這些國家還要依靠俄羅斯。二是，普京在國家經濟發展的基礎上，開始實施民主，這些民主保障了大多數的社會團體言論的自由，這些措施使得大多數的學者和專家的研究都比較容易直達政府高層。俄羅斯精英已經成為國家穩定的中堅力量。比如莫斯科國立大學學者的研究非常容易的就直接到達普京總統的辦公桌，甚至包括博士生的研究。據筆者所知，莫大新聞系學生的教育方向就是總統府與系主任共同主導的。筆者在回國之後也發現，做中國媒體的研究是非常困難的，首先材料得來不易，而且很多的資訊需要到相關部門首耳相傳一下。中國媒體研究限制範圍較多，這樣使得中國媒體研究學者很少有時間再去涉獵與此相關的國際研究了，而進行俄羅斯媒體研究的禁忌就比較少，而且即使有批評俄羅斯政府或總統的地方，俄羅斯使館方面也不會有很多的反彈。

印精英常高估自己

　　儘管這次國家主席胡錦濤到聖彼得堡參訪只有一天半的時間，但胡錦濤與普京、辛格的峰會卻格外引起關注，在三國領導

人會晤之前，胡錦濤曾與巴西、剛果等五個發展中國家領導人會晤。胡錦濤主席再次強調加強南南合作符合發展中國家的共同利益，中國做為發展中成員國，應當共同促進多邊主義和國際關係民主化。之後日本《經濟新聞》就以「俄中分別是表面和背後的主角」為題發表文章，文章認為這次峰會有著雙重結構，俄羅斯進入八國集團內部，此次做為東道主掌握了主導權，中國則做為集團外部，處在亞非拉國家在內的首腦外交的核心。可以看出中國此次並不急於進入八國集團內部，而在與發展中國家需求共同的語言，中國的意圖也非常明顯，現在中國經濟高速發展，而在產業發展的過程當中，中國與部分發展中國家是有競爭關係的。如果中國主動緩解與這些國家的關係，會為自己塑造一個非常和諧的環境，並且緩解與發展中國家的關係，要比改變西方國家對於中國的歧見要容易的多。

中俄印三國雖然在國家經濟發展上可以優勢互補，但在地緣政治上三國確有無法合作的先天弱點，地緣政治的概念主要是指三國精英的個性不相容。如印度精英在與中國的交往當中常常過高估計自己的實力，自大常常伴隨著印度的精英階層。筆者在與一些印度精英接觸中就有一趣事，這些精英認為除英國和美國外，印度音的英語是世界上最正宗的英語。又如，俄羅斯在石油管線輸往中國還是日本的問題上不斷地給中國以麻煩，使得俄羅斯利用能源進行敲詐的嫌疑不斷上升，這時俄羅斯人保守的個性顯露無遺。兩國國家領導人在會晤的過程中，中國方面陪同人員臉上愁雲密佈，這與中國領導人與法國愉悅的會晤有天壤之別。但是，現在中俄印暫時的戰略聯盟還是有存在的必要，畢竟三國與西方是完全無法展開任何的聯盟。

政府公民傳媒良性互動[13]

　　民眾的知情權必須有賴於政府的主動資訊公開，以及媒體客觀與公正的報導，區分意見與事實，提供資訊與分析，作為民眾判斷事實與作出行動的基礎條件。這樣政府、媒體與公民之間的良性互動將有助於社會的和諧發展。

　　傳媒在人類歷史的長河中見證與紀錄了人類文明的發展，因此，傳媒的屬性關乎著它所關注與服務的對象，這也形成了一個社會公眾乃至個人向政府、向媒體爭取發言空間的一個爭鬥的過程，媒體報導的內容始終成為社會各個階層與團體所要爭取和影響的部分，世界各國對於媒體建制的爭議也從來沒有停止過。

學界呼籲公共利益

　　李良榮教授在「論中國新聞改革的優先目標─寫在新聞改革30周年前夕」一篇專論中提出一個問題：「誰來保護公共利益？」對於任何一個轉型中的國家與地區，包括前蘇聯地區政治體制轉型的共產國家、威權體制向民主政治轉型的東南亞國家與地區、商業媒體走向資源整合型的跨媒體霸權與新聞內容同質化的美歐等資本主義國家，這個問題都有參考與借鑒的價值。

---

[13] 本文發表於《大公報》2007 年 6 月 26 日

　　李良榮教授認為：無論在新聞傳播學術界抑或其他人文、社會科學界，學者們對中國傳媒業優先目標的選擇不盡相同，但以維護公眾的公共利益為優先目標無疑是一種主流意見。學界認可公共利益為中國傳媒業的優先目標是基於對傳媒業公共性的認識。從世界範圍來看，無論何種社會制度，無論何種新聞體制、無論何種媒體所有制，媒體具有公共性進而公共利益優先的原則都得到一致認可。社會的公共利益所包含的要點是：

　　第一，保護公民隱私與青少年兒童：保障法律所保護的公眾私人利益不受傳媒侵犯，這主要是公眾的隱私權以及青少年的保護，不傷害社會公德，不擾亂社會公共秩序。

　　第二，普遍服務原則：不分民族、不分種族、不分地域、不分性別，不論貧富、不論地位，都應該享受傳媒業同等的服務。尤其是，無論是強者還是弱者，都應該在媒體上有平等表達機會。

　　第三，滿足公民的知情權：知情權是公民維護自身利益、參與市場競爭的前提。資訊獲得的不公正、不公平是對公眾利益最大的傷害。基於這樣的認識，中國有一批學者提出：新一輪的新聞改革應該以公民的知情權為中心。

媒體要專業與自律

　　綜合上述三個方面，知情權是實現公共利益的核心問題，這是民主政治的基礎條件，民眾的知情權必須有賴於政府的主動資訊公開，以及媒體客觀與公正的報導，區分意見與事實，提供資訊與分析，作為民眾判斷事實與作出行動的基礎條件。這樣政府、媒體與公民之間的良性互動將有助於社會的和諧發展。

　　另外，在市場混亂的情況之下，媒體完全以商業利益為前提的想法會導致社會災難性的後果，這樣的媒體往往得不到社會的尊重，記者的社會地位也會下降。在市場競爭失序的狀況之下，媒體往往會侵犯公民隱私以換得閱聽眾獵奇的眼球。與此同時，落實新聞「普遍服務原則」往往也只是紙上談兵或是被媒體棄之不顧，因為商業媒體的市場定位往往是優先在可消費的族群身上。

　　李良榮教授指的「媒體市場失控」：就是傳媒業把公眾當作商品打包賣給廣告商。所以，傳媒業與其說在不斷創造節目，倒不如說它還努力把大眾製造成商品，這是傳媒業商業化運作的必然結果。藐視公眾，是藐視公眾的權益，無視公眾的利益，就以中國報刊業「有效發行」為例。所謂「有效發行」就是廣告商眼中的黃金群體即傳媒業流行的「白骨精」群體：白領階層，各事業骨幹，社會精英，他們是社會上「高學歷，高收入，高消費」的三高人群。因為在傳媒業眼裡，他們是「高質量」的商品，可以向廣告商賣出高價。而那些老年人、民工、農民、低工資的工薪階層，儘管他們可能比那些三高人群更需要資訊，更需要媒體關照，但他們消費不起廣告商提供的商品，所以成了「無效」人群即賣不出價格的低檔商品，被媒體排除在外，不配享受媒體。

　　這樣的失序的惡性競爭市場與媒體勢利眼現象，需要有法律與專門機制去引導、監督與制裁，強調完全市場自由的結果往往是政府權貴、媒體經營者與企業主之間的勾結，因此，傳播自由變成了有權有勢者的自由，沒權沒勢的普通民眾根本沒有參與、接近和使用媒體的機會，解決這樣的問題必須有法律政策去規範與專門機制的設置去監督。

在目前中國新聞建制上，李良榮教授認為有「硬指標」與「軟指標」。「硬指標」包括以行政手段和組織紀律來確保媒體對政府政令的執行力，「底限」是不冒顯而易見的政治風險、不犯任何政治錯誤；「軟指標」是一種專業與道德的力量，媒體需要培養和引進優秀的新聞從業者，他們必須有高尚的職業素養與倫理道德，努力不懈地以維護公共利益為目標，服務公眾，維護公眾利益至今僅僅是一種軟約束，是各人的良心、良知來實施的。李良榮教授認為現在的問題是：如何使服務公眾，維護公眾利益成為傳媒業的制度，成為一種像遵守黨性原則那樣的硬約束。

制度創新三個原則

第一，確立思想原則。傳媒業的制度創新必須確立一個原則：公共利益至上，公共利益至上應該成為制度創新的指導思想。國家投入數千億資金興辦傳媒業，不是為了讓從業者自娛自樂，自私自利的。如果傳媒業連為誰服務都不清楚，制度創新有何意義？

第二，成立專門執行機構。確立公共利益至上原則需要制訂一整套規則來約束傳媒業。

第三，有效管理媒體市場結構與秩序。必須改變傳媒業完全市場化的制度安排。上世紀 90 年代以後，中國傳媒業不分地域，不分性質，不分類別齊步衝向市場。傳媒業市場的過度進入，形成慘烈的市場競爭。需要對傳媒業作分門別類的疏理，按性分類，按類管理，讓一部分媒體退出市場。

國家圖書館出版品預行編目

全球化下的俄中傳媒在地化變局——大公報之傳媒睇傳媒
/胡逢瑛，吳非著.
-- 一版. - 臺北市：秀威資訊科技，2008 .12
　　面；　公分（社會科學類；PF0031）

BOD 版
ISBN　978-986-221-134-2

1. 大眾傳播　2.媒體　3.俄國　4.中國

541.83　　　　　　　　　　97011075

社會科學類　PF0031

全球化下的俄中傳媒在地化變局
——大公報之傳媒睇傳媒

作　　者 / 胡逢瑛、吳非
發 行 人 / 宋政坤
執行編輯 / 賴敬暉
圖文排版 / 郭雅雯
封面設計 / 陳佩蓉
數位轉譯 / 徐真玉　沈裕閔
圖書銷售 / 林怡君
法律顧問 / 毛國樑　律師
出版印製 / 秀威資訊科技股份有限公司
　　　　　台北市內湖區瑞光路 583 巷 25 號 1 樓
　　　　　電話：02-2657-9211　　　傳真：02-2657-9106
　　　　　E-mail：service@showwe.com.tw
經 銷 商 / 紅螞蟻圖書有限公司
　　　　　台北市內湖區舊宗路二段 121 巷 28、32 號 4 樓
　　　　　電話：02-2795-3656　　　傳真：02-2795-4100
　　　　　http://www.e-redant.com

2008 年 12 月 BOD 一版
定價：320 元

讀 者 回 函 卡

感謝您購買本書，為提升服務品質，煩請填寫以下問卷，收到您的寶貴意見後，我們會仔細收藏記錄並回贈紀念品，謝謝！

1.您購買的書名：＿＿＿＿＿＿＿＿＿＿＿＿＿＿＿＿

2.您從何得知本書的消息？

□網路書店　□部落格　□資料庫搜尋　□書訊　□電子報　□書店

□平面媒體　□ 朋友推薦　□網站推薦　□其他＿＿＿＿＿＿

3.您對本書的評價：(請填代號　1.非常滿意 2.滿意 3.尚可 4.再改進)

封面設計＿＿　版面編排＿＿　內容＿＿　文/譯筆＿＿　價格＿＿

4.讀完書後您覺得：

□很有收獲　□有收獲　□收獲不多　□沒收獲

5.您會推薦本書給朋友嗎？

□會　□不會，為什麼？＿＿＿＿＿＿＿＿＿＿＿＿＿＿＿＿

6.其他寶貴的意見：＿＿＿＿＿＿＿＿＿＿＿＿＿＿＿＿

＿＿＿＿＿＿＿＿＿＿＿＿＿＿＿＿＿＿＿＿＿＿＿＿＿＿＿＿

＿＿＿＿＿＿＿＿＿＿＿＿＿＿＿＿＿＿＿＿＿＿＿＿＿＿＿＿

＿＿＿＿＿＿＿＿＿＿＿＿＿＿＿＿＿＿＿＿＿＿＿＿＿＿＿＿

讀者基本資料

姓名：＿＿＿＿＿＿＿＿＿　年齡：＿＿＿＿　性別：□女 □男

聯絡電話：＿＿＿＿＿＿＿＿　E-mail：＿＿＿＿＿＿＿＿＿＿

地址：＿＿＿＿＿＿＿＿＿＿＿＿＿＿＿＿＿＿＿＿＿＿＿＿

學歷：□高中(含)以下　　□高中　□專科學校　□大學

　　　□研究所(含)以上 □其他＿＿＿＿＿＿＿

職業：□製造業 □金融業 □資訊業 □軍警 □傳播業 □自由業

　　　□服務業 □公務員 □教職　□學生 □其他＿＿＿＿＿

To：114

台北市內湖區瑞光路 583 巷 25 號 1 樓

秀威資訊科技股份有限公司　　　收

寄件人姓名：

寄件人地址：□□□

- -

(請沿線對摺寄回,謝謝!)

秀威與 BOD

BOD（Books On Demand）是數位出版的大趨勢，秀威資訊率先運用 POD 數位印刷設備來生產書籍，並提供作者全程數位出版服務，致使書籍產銷零庫存，知識傳承不絕版，目前已開闢以下書系：

一、BOD 學術著作—專業論述的閱讀延伸
二、BOD 個人著作—分享生命的心路歷程
三、BOD 旅遊著作—個人深度旅遊文學創作
四、BOD 大陸學者—大陸專業學者學術出版
五、POD 獨家經銷—數位產製的代發行書籍

BOD 秀威網路書店：www.showwe.com.tw
政府出版品網路書店：www.govbooks.com.tw

永不絕版的故事・自己寫・永不休止的音符・自己唱